Norbert Blüm

Politik als Balanceakt

Norbert Blüm

Politik als Balanceakt

»Unverblümtes« aus der Werkstatt Bonn

Ausgewählt und zusammengetragen von Ludger Reuber

Mit einem Vorwort von Peter Boenisch

UNIVERSITAS

Schutzumschlag: Atelier Bachmann, Reischach
Satz: Fotosatz Völkl, Puchheim
Druck: Jos. C. Huber KG, Dießen
Gedruckt auf chlorfrei gebleichtem Papier
Binden: Buchbinderei Monheim
Printed in Germany
ISBN: 3-8004-1288-8

Inhalt

Vorwort

Dies ist kein übliches Politikerbuch. Gott sei Dank. Blüm-Kenner waren sich dessen sicher, bevor sie eine Zeile seines Buches kannten. Der Autor ist kein Funktionär, kein angepaßter Ehrgeizling, sondern – obwohl weiß – ein Exot.
Wie viele Hessen babbelt er gerne und mit Witz. Aber wie wenige Politiker hört er nicht nur sich, sondern auch anderen ernsthaft zu, sieht genau hin und malt in seiner Sprache Bilder mit einfachen, kräftigen Strichen (Seite 54):
»Der Stöpsel am Türpfosten steckte in dem Loch, das mit Pforte bezeichnet war. Im Vorbeigehen wird er herausgezogen. Jetzt weiß jeder, er ist in seinem Zimmer. Alles muß seine Ordnung haben. Im Zimmer scheint die Zeit stehengeblieben zu sein. Alles ist wie immer: Schreibtisch, zwei Stühle, ein Schrank. Nur die Bäume vor dem Fenster sind mit der Zeit größer geworden.«
Dies kann für Blüm kein anderer geschildert haben. Er war der einzige Gast. Er verehrte den Mann, den er besuchte, und doch entging ihm nichts: »Der Anzug hing an ihm wie an einem Kleiderbügel. Ein alter, zerbrechlicher Mann. So hätte er auch noch gestanden, wenn ich Stunden später gekommen wäre.«
Wird Blüm kritisch, bleibt er genauso exakt bis ins Detail. Einen schlechten Redner, der sich mit einer Hand an seinem Manuskript festhält, macht er mit einem Satz naß: »Für so einen Text braucht man zwei gestikulierende Hände.«
Er haßt Menschenverächter, weil er Menschen braucht und sie gerne hat. Er fürchtet die Anonymität des modernen Krieges: »Nicht Aug' in Auge, sondern Knopfdruck gegen Knopfdruck wird Feindschaft im Maschinenzeitalter ausgetragen.« Er, der bei Ende des Zweiten Weltkrieges zehn Jahre jung war, hat noch das Geheul der Sirenen und den Einschlag der Bomben im Kinderohr. Er verabscheut Krieg und

hat den Alptraum, daß elektronisch gesteuerte Perfektion den Krieg wieder führbar macht und das Inferno inszeniert: Massenmord per Computer.
Wenn er an die ermordeten Prominenten Schleyer und Buback denkt, erinnert er auch an ihre ermordeten Chauffeure und Polizisten. Masche eines erfahrenen Politikers? Bei ihm wohl nicht. Eher früh erlerntes Christentum und Stolz auf die Klasse, aus der er stammt. Die, die ihn als »Arbeiterverräter« beschimpfen, sind verstört und empört über seine Ansichten, die oft nicht in das gängige Gewerkschaftsdenken passen. Tatsächlich ist er jedoch, konsequenter als manche seiner DGB-Kollegen, seiner schwieligen Vergangenheit treu geblieben. Ein Blaumann, kein White-collar Man und auch als Minister das Hemd am liebsten offen und den Schlips unten.
Bei Blüm rollt immer ein Stück Fließband mit. Und im Guten wie im Schlechten verbindet das Spruchband von Opel die heutigen Produkte und den ehemaligen Arbeiter aus Rüsselsheim: »Eine Klasse für sich.« So einen muß man mögen oder es bleibenlassen.
Über seinen Zusammenstoß mit Pinochet schreibt Blüm (S. 23):
»... sein (Pinochets) Freund Rudel habe ihm immer gesagt, Hitler habe nur einen Fehler gemacht, nämlich, daß er den Krieg nicht gewonnen habe.
Ich antwortete darauf (...): Sechs Millionen Juden!
Pinochet: Vier Millionen.
Blüm: Einer wäre schon zuviel.«
»Franziskus« nennen ihn seine Freunde. Und leidenschaftlich bekennt er sich am Ende seines Buches zum heiligen Franz von Assisi und dessen Sonnengesang:
»Sonne, Mond, Wind, das Wasser und das Feuer und unsere Mutter Erde drückt er an sein kleines Herz.«
Ein Gebet als Selbstporträt. Lebensziel. Christliche Utopie.

Wäre er nicht so katholisch, könnte man ihn getrost zum Papst wählen. Die besseren Päpste waren immer etwas weniger katholisch. Und doch hätte er einen Vorteil: Auch als oberster Hirte bliebe Blüm ein einfacher Norbert.
Dieser kleine große Mann hebt nie ab. In keinem Amt und in keinem Gewand.
Er mag auch nicht, wenn andere abheben.
So nennt er Richard von Weizsäckers Parteienschelte »Worte vom hohen Roß. Ich wünsche mir den Bundespräsidenten lieber zu Fuß.«

Peter Boenisch

I.

»Herr Präsident, hören Sie auf zu foltern«

– Über die Menschenrechte –

Im Sommer 1987 tobt in Deutschland eine heftige Diskussion, ob 14 in Chile zum Tod Verurteilten bei Freilassung Asyl gewährt werden soll. In dieser aufgeheizten Situation besucht Norbert Blüm Chile, begegnet Pinochet: »Hören Sie auf zu foltern!« Die Reise wird zum Politikum.

Warten auf die Siegesfeier (Szenen aus einem Folterstaat)

Der Tag ist wie jeder andere in Santiago de Chile oder sonstwo auf der Welt. Morgens stehen die Leute auf, und abends gehen sie schlafen. Dazwischen passiert Großes und Kleines – und meistens Kleines. Der Tag unterscheidet sich nicht von irgendeinem anderen. Wir fahren früh durch die Stadt. Sie rekelt sich noch im Wachwerden, steht noch nicht unter Dampf. Wir parken, zwei Autos, eine Parklücke, immer dasselbe. Durch eine regnerische trübe Seitengasse geraten wir vor ein Tor. Klingeln, werden eingelassen. Ein dicker Polizist sitzt buddhaähnlich hinter erhöhtem Schreibtisch. Ein Holzgeländer trennt uns. Mir reicht es bis kurz unter das Kinn.
Comandante weiß nichts von unserem Besuch. Das wär's! Dann telefoniert er doch. Wir – ein Botschaftsangehöriger und ich – nehmen auf einer Holzbank Platz. Rechts von uns durchquert ein Gendarm die Breite des Raumes, am Wendepunkt Hackenschlag, und dann im Stechschritt zurück. Ob er übt? Oder ist die Automatik eingerastet, und er findet den Knopf zum Abschalten nicht? Dann macht er Schluß und lehnt gelangweilt an der Wand. Was jetzt?
Wir dürfen! Durch lange Gänge erreichen wir einen großen Saal. Hunderte gelb angestrichener Klappstühle von blecherner Beschaffenheit bilden wohlgeordnete Längsreihen. An den Rändern flache Koksöfen, über denen sich in viel

Kleidung eingehüllte Personen die Finger wärmen. Viel mehr Stühle als Menschen. Dostojewski oder Kafka. Einer von beiden muß solche Säle gekannt haben.
Stramm hinter den vor uns marschierenden Gendarmen erreichen wir ein Büro: Großer Schreibtisch. Gleich zwei Pinochet-Bilder an der Stirnseite. Der Soldat bleibt. Wir auch. Es dauert Minuten, und er kommt, geführt von einem Gendarmen, Dr. Olivares. Ganz anders, als ich ihn mir vorgestellt hatte. Kein alter Landarzt. Ein blasser Jüngling, schwarzer Vollbart. Zart, fast gebrechlich. Eine mittelalterliche Heiligenfigur. Statt der Soutane trägt er den Poncho. Eine Lilie in seiner Hand und eine Kerze vor ihm, und ich würde mich an den Seitenaltar einer großen dunklen Kathedrale versetzt fühlen.
Unser Gespräch beginnt leise. Nein, jetzt würde er korrekt behandelt. Auf den Fahrten zu den Verhören gehe es allerdings anders zu. Da seien die anderen, nicht die Gendarmen, an der Reihe. Ja, er habe einen Verwundeten behandelt, ohne zu fragen, woher seine Verletzung rühre. Das sei keine Heldentat. »Ich habe nur den hippokratischen Eid erfüllt.« Und jetzt sitzt er seit sieben Monaten im Gefängnis. Die Vicaria de la Solidaridad verteidigt ihn. Für die Vicaria hatte er als Arzt gearbeitet. Christen 1987 in Santiago de Chile. Grüße an meine Berufskollegen in Deutschland. Wir verabschieden uns. Ich verspreche wiederzukommen, wenn Chile frei ist – zur Siegesfeier. Er lächelt. Wir gehen durch den großen Saal zurück. Er an der linken Seitenwand entlang, ich an der rechten. Wir winken uns über die leeren Stuhlreihen zu. Ich bleibe vor meiner Tür stehen. Sie ist in der Mitte der rechten Längsseite. Er muß noch weiter. Einen Augenblick verharrt er auf gleicher Höhe. Winkt noch einmal und folgt dann stolz seinem Gendarmen in seiner Tür hinten. Hinter mir geht die Tür zu, und ich bin wieder in der Freiheit. Dem Gendarmen, der mich führte, war es, so meine ich, unwohl. Er war froh, daß ich draußen war.

Die Angehörigen der Vierzehn

Es bleibt nicht viel zu berichten von den Angehörigen der Vierzehn. Junge Frauen, alte Männer, feinnervige, intellektuelle Gesichter, sonnenverbrannte bäuerliche Gestalten. Eine Mutter, bodenständig, breit und dick, und schmächtige, verhärmte Frauen. Sie alle waren da.

Was sie erzählen: Grausamkeiten, Grausamkeiten. Nur von einer will ich berichten: Auf dem nackten, kleinen Körper eines neun Monate alten Babys werden glühende Zigaretten ausgedrückt, auf daß die Schreie ihres Kindes die Mutter kirre machen.

Was soll man weiter erzählen? Was haben die Angeklagten verbrochen? Ich weiß es nicht. Ich weiß nur, sie wurden gefoltert! Und wie sagte Kardinal Henrique Silva: »Sie können gar nicht alles das begangen haben, was man ihnen vorwirft.«

Botschaftsempfang

Wir kamen zu spät zum Botschaftsempfang. Das Gespräch mit der Menschenrechtskommission hatte länger gedauert. Der Bericht von den Morden war länger als erwartet.

Aber die Stimmung in der Botschaft war schon gut. Small talk war sektbewaffnet, Campari-umrahmt in vollem Gange. Erdnüsse und ein Häppchen hier, ein Häppchen dort. Ich werde vorgestellt. Fast alle demokratischen Parteien sind da. Viele Christdemokraten. Vor allem meine Landsleute, die hier ihren Geschäften nachgehen. Der Repräsentant der deutsch-chilenischen Industrie- und Handelskammer begrüßt mich freundlich, umrahmt von bedeutenden Mitgliedern seiner angesehenen Institution. Ein leichtes Zittern in seiner Stimme, als er bedauert, daß ich keine Zeit für ein Gespräch mit ihm erübrigen konnte – dann, bitter hinterherge-

schoben, schon einen Hauch aggressiv: »Aber das war bei Geißler genauso.« Ich übergehe den kleinen Haß und lächle »smalltalkend« mein Bedauern zurück, schiebe allerdings ebenfalls eine kleine Bemerkung hinterher: Es gebe hier in Santiago noch wichtigere Sachen als Geschäfte.
Ja, wie schön das Leben hier sei. Alle Schönheiten der Natur biete das Land, schnattern sie und ihre juwelenbehangenen Gattinnen mir entgegen. Nein, von Folter wissen sie nichts. Es mag sie geben – ja – ja – na ja.
Doch irgendeinem, vielleicht nach einem Campari-Soda zuviel, fällt die antrainierte Harmlosigkeit aus dem Gesicht, und er zischt meinem Mitarbeiter und Begleiter Peter Clever zu: »Eine linke Ratte ist Gabriel Valdes.« Und nach einigem Hin und Her setzt er noch eins drauf: »Volksverräter« nennt er ihn.
Gabriel Valdes, muß man wissen, ist Präsident der chilenischen Christdemokraten, Vorsitzender der Weltunion der Christdemokraten und ehemaliger Außenminister. Bedroht und gefährdet in Chile.
Reicht der Verstand der Geschäftsleute nicht weiter als bis an den Rand ihrer Schreibtische? Der Anstand wenigstens sollte ihnen gebieten, dem Demokraten die Stange zu halten. Soziale Marktwirtschaft, jedenfalls so, wie ich sie verstehe, gibt es nur in der Demokratie. Soziale Marktwirtschaft ist nicht wertneutral, sie ist freiheitsfixiert.
PS: Der, der Anstand und Verstand an diesem Abend verloren hatte, war ein deutscher Banker.

Carmen Gloria

Sie hat große, schöne, schwarze Augen. Sie ist ein junges Mädchen von 19 Jahren, und sie erzählt leise von jenem schrecklichen Tag in ihrem Leben, der ihren jungen Leib zu

einer Brandfackel machte und aus ihrem Gesicht eine einzige Narbe. Als ich sie begrüße, weiß ich nicht, soll – darf ich sie südamerikanisch umarmen.
Mit Benzin wurde sie überschüttet, und während sie sich das Benzin aus dem Mund prustete, lag ihr Freund am Boden. Zusammengeschlagen von den Soldaten. Und in diesem Moment warf einer von den Soldaten einen brennenden Lappen unter sie. Sie konnte ihre Jacke unter Schmerzen und Schreien noch ausziehen und sich zu Boden werfen und wälzen. Dann wurde sie ohnmächtig. Sie wachte wieder auf, geschüttelt von einem haarlosen verbrannten Gespenst. Es war ihr Freund. In Decken gehüllt hatte man sie auf einem Pritschenwagen 25 Kilometer vor die Stadt gefahren und auf einem Acker abgekippt. Sie erreichten beide – sich stützend – die nächste Straße. 40 Tage kämpfte sie um ihr Leben im Krankenhaus. Ihr Freund starb. Jetzt steht sie da: Mater dolorosa de Chile.
Sie spricht; und an ihren Worten wird das Pinochet-Regime zugrunde gehen. Sie predigt nicht Rache und nicht Gewalt. Und einmal sagt sie fast nebenbei: Die Liebe ist stärker. Viele haben das schon gesagt, der Papst und andere. Von den verbrannten Lippen von Carmen gesprochen, hört es sich an wie die Posaune des Jüngsten Gerichtes für alle Unterdrückten.
Sie flog ein paar Tage nach unserem Gespräch wieder zurück nach Kanada. Dort versuchen tüchtige Chirurgen, ihrem Gesicht wieder ein paar Züge zurück zur alten Ähnlichkeit zu bringen. Hier in Chile war sie als Zeugin vor ein Militärgericht getreten. Ihren Übeltätern ins Gesicht, dic dort über sie höhnten und lachten, verkündete sie vor Gericht die Schönheit einer alten Wahrheit, die diesen Ungeheuern abhanden gekommen ist. Die Menschlichkeit.
Die schwarzen Augen von Carmen sind so schön wie eh und je. Und als wir uns verabschiedeten, wußte ich, daß ich sie umarmen durfte.
(Die Zeit, August 1987)

Über sein Gespräch mit Pinochet zeichnet Norbert Blüm ein Gedächtnisprotokoll auf. Es ist ein Zeitdokument.

Eher traurig als siegessicher (Pinochet-Gedächtnisprotokoll)

Ich eröffne das Gespräch: »Herr Präsident, ich komme als Freund des chilenischen Volkes, ich akzeptiere das Prinzip der Nichteinmischung in die inneren Angelegenheiten anderer Staaten. Dieses Prinzip hat jedoch eine schwerwiegende Ausnahme. Das sind die Menschenrechte. Hier gilt Einmischung als Gebot. Deshalb, Herr Präsident, machen Sie Schluß mit der Folter.«

Pinochet antwortet, etwas überrascht: »Ausgerechnet Ihr Deutschen, Ihr habt doch viel angerichtet.«

Blüm: »Ganz Schlimmes, Herr Präsident, das nie mehr passieren darf. Das gibt mir nicht nur das Recht, sondern die Pflicht, mit dazu beizutragen, daß auf der Erde die Menschenrechte gewahrt werden. Das ist meine Form der Wiedergutmachung.«

Ich schildere die Folter der Vierzehn, so wie ich es erfahren habe. Ich verweise darauf, daß ich nicht nur mit den Angehörigen gesprochen habe, sondern mit der unabhängigen chilenischen Menschenrechtskommission, mit der Vicaria de la Solidaridad, mit meinen Parteifreunden der PDC und vielen chilenischen Mitbürgern. »Ich habe keinen gefunden, der die Folter bezweifelt.«

Pinochet bestreitet die Folter und sagt: »Und was habt Ihr in Stammheim gemacht?«

Blüm: »Herr Präsident, ich schlage vor, wir wechseln die Stühle. Sie untersuchen Stammheim und ich Chile. Und ich verspreche Ihnen, Sie werden in Deutschland ungehindert untersuchen können.«

Pinochet streitet jeden Foltervorwurf ab

Blüm: »Ich will Ihnen ins Gewissen reden. Auch Sie werden vor Gott einmal Rechenschaft ablegen müssen über das, was Sie getan haben.«
Pinochet unter Hinweis auf ein rechts hinter ihm stehendes Kreuz mit aufgeschlagener Bibel: »Ich bin ein gläubiger Christ und bete jeden Tag. Der Kommunismus muß bekämpft werden.«
Blüm: »Auch ich bin Gegner des Kommunismus. Da lasse ich mich von Ihnen nicht übertreffen, aber ich werde die Menschenwürde der Kommunisten wie jedes anderen Menschen verteidigen. Die Menschenwürde ist unabhängig von Ideologie und System.«

Pinochet schlägt die Hände vor das Gesicht

Blüm: »Das hilft Ihnen auch nicht, es ist die Wahrheit. Niemand darf gequält werden, deshalb frage ich gar nicht, warum jemand gequält wird, welcher Weltanschauung oder welchem System er angehört. Es gibt auf der ganzen Welt keinen einzigen Grund, der erlauben würde, Menschen zu foltern.«
Ich schildere einzelne mir bekannte Fälle. Die Grausamkeiten an Kindern, um ihre Eltern gefügig zu machen. Das Verbrechen an Carmen Gloria. Pinochet behauptet, Carmen hätte sich selbst angezündet. Die Vorwürfe würden gerichtlich geklärt. Ich werfe ein, wieso während der Hauptverhandlung der Angeklagte militärisch befördert worden sei.
Ich verweise auf den Fall des Arztes aus Santiago, der in einem Gefängnis einsitzt, der nichts anderes getan hat, als einen Verletzten zu behandeln.
Blüm: »Selbst im Krieg ist das Rote Kreuz tabu, und es ist

der Beruf des Arztes zu helfen, ohne zu fragen, wem und warum.«
Ich verweise auf die Morde an zwölf Chilenen am 16./17. Juni. Der offiziellen Darstellung zufolge sind sie das Opfer »bewaffneter Auseinandersetzungen«. Die unabhängige Menschenrechtskommission beweist, daß sieben Tote in einem Haus gefunden wurden und keinerlei Schußspuren festzustellen waren, die darauf hindeuten, daß ein Kampf um dieses Haus stattgefunden haben könnte. Merkwürdigerweise sei in dem Viertel des Tatortes eine Stunde vorher das Licht ausgegangen. Ein anderer sei auf dem Weg zu seiner Mutter aus einem Auto heraus erschossen worden. Er habe keinerlei Waffen getragen. Ohne Waffen könne man weder schießen noch zurückschießen.

Pinochet bestreitet alles und erklärt alle zu Kommunisten, die Folter- oder Mordvorwürfe erheben

Ich verweise darauf, daß die Namen der unabhängigen Menschenrechtskommission bekannt seien. Unter anderem ehemalige christdemokratische Minister, Botschafter, ehrenwerte Rechtsanwälte. Auch die Untersuchungen des Vikariats der Solidarität der Kirche solle er nicht als kommunistische Machenschaft abtun.
Pinochet übergibt mir als Beweis ein Buch des CSU-Bundestagsabgeordneten Hans Graf Huyn in spanischer Sprache und eines von ihm selbst in deutscher Sprache, in dem die kommunistische Bedrohung und ihre Bekämpfung dargestellt werden. In dem Buch von ihm befindet sich die Widmung: »Cardialmente al Exemo Sr. Ministro Federal all trabajo D. Norbert Blüm – El autor Pinochet.« Ich entdecke sie erst später.
Ausführlich behandeln wir den Fall Beatriz Brinkmann.

Dreimal sei uns deren Freilassung zugesagt worden. Zuletzt dem deutschen Außenminister von seinem chilenischen Kollegen Anfang Mai.
Blüm: »Wo bleibt die Einlösung? Zusagen müssen gehalten werden. Das gehört zum staatlichen Ehrenkodex.«
Pinochet sagt, die Sache solle ich mit dem Außenminister weiterbesprechen. Auch die Liste von Amnesty International, die ich ihm übergeben will, verweist er unter höhnischen Bemerkungen an den Außenminister.
Pinochet empfiehlt mir, die Christdemokraten in Chile nicht mit denen in Deutschland zu verwechseln. Er bringt sie in die Nähe der Kommunisten und versucht, dies dadurch zu beweisen, daß er mir Bilder übergibt, auf denen zu sehen ist, daß christdemokratische Spruchbänder auf Demonstrationen neben kommunistischen zu sehen sind.
Ich sage ihm: »Die Christdemokraten in Chile und in Deutschland glauben an die gleiche Idee: Freiheit und Gerechtigkeit. Die besten Helfer des Kommunismus sind Unterdrückung und Gewalt. In freien Wahlen hat in meinem Land der Kommunismus nur eine mikroskopische Größe erreicht.«
Pinochet sagt, sein Freund Rudel habe ihm immer gesagt, Hitler habe nur einen Fehler gemacht, nämlich, daß er den Krieg nicht gewonnen habe.
Ich antworte darauf mit einem Wort: »Sechs Millionen Juden!«
Pinochet: »Vier Millionen.«
Blüm: »Einer wäre schon zuviel.«
Ich sage zum Abschluß des Gespräches: »Herr Präsident, ich sitze mit großer Gelassenheit hier vor Ihnen, weil ich sicher bin, die Demokratie wird sich durchsetzen. Der stärkste Verbündete der Demokratie ist die Natur des Menschen. Man kann ihm die Freiheitssehnsucht nicht abgewöhnen, selbst mit Gewalt nicht. Sie kommt mühsam voran, die De-

mokratie, muß Umwege gehen, Rückschläge erleiden, aber sie kommt. Die Philippinen, Südkorea sind ihre jüngsten Etappen. Und auch in Chile wird sie sich nicht zurückhalten lassen. Es ist nur eine Frage der Zeit. Und ich hoffe und bete, daß dem chilenischen Volk Blutvergießen erspart bleibt.«
Beim Hinausgehen zischt mir jemand ins Ohr: »So hat mit dem Präsidenten noch niemand gesprochen.«
Vor der Tür schüttelt mir Pinochet kräftig und lange die Hand, und ich habe den Eindruck, er ist eher traurig als siegessicher.
(Soziale Ordnung, August 1987)

In Südafrika richtet sich 1989 Hoffnung auf den zukünftigen Präsidenten. Unter einer Bedingung. Die Apartheid muß weg. Ohne Wenn und Aber.

Apartheid ist gegen die Menschenwürde

Der Unterschied in der Hautfarbe ist kein Unterschied in der Würde des Menschen. Apartheid ist gegen die Menschenwürde. Sie muß weg.
Daß alle Menschen vor Gott gleich sind, gehört zu den elementaren Wahrheiten des Christentums. Der liebe Gott kennt keinen Himmel nur für Weiße und keine Hölle nur für Schwarze. Ihm sind alle Menschen – egal welcher Hautfarbe – gleich lieb.
Ich bin bereit, zu streiten über den Weg zur Überwindung der Apartheid, aber nicht darüber, ob sie bestehenbleiben kann oder nicht. Sie muß weg.
Ich bin nach wie vor Anhänger der friedlichen Überwindung der Apartheid. Die Alternative dazu ist ein Blutbad. Wer den friedlichen Weg will, muß ihn jetzt beginnen. Dafür sind in Südafrika Gespräche mit der Opposition unumgänglich, und zwar nicht mit der Opposition, wie die Regierung sie sich wünscht, sondern wie sie vorhanden ist. Die Regierung in Südafrika kann Oppositionelle nicht erst ins Gefängnis stecken und anschließend nur mit der Opposition reden, die noch nicht verhaftet ist. Deshalb ist die erste Bedingung eines ehrlichen Dialogs die Beseitigung des Ausnahmezustandes in Südafrika, in dem die Verhaftung ohne Angabe von Gründen erlaubt ist.
Umfassende Sanktionen gegen Südafrika darf man nie ausschließen, denn das wäre ein Freibrief für die, die keine Veränderung wollen. Die Drohung muß erhalten bleiben. Doch Sanktionen, die Massenelend in Südafrika hervorrufen,

würden ausgerechnet die Schwarzen treffen, denen wir doch helfen wollen. Es müssen vernünftigere Wege gesucht werden als Massenelend. Doch die südafrikanische Regierung muß wissen, daß wir nicht tatenlos bleiben, wenn alles beim alten bleibt. Wir richten unsere Hoffnung auf sie, eine Hoffnung auf Bewährung.
(Juli 1989)

Ausländerfeindlichkeit ist auch schon früher aufgeflammt. Im Frühjahr 1982 sieht sich Norbert Blüm veranlaßt, gegenzuhalten: Zwei Sorten Kollegen? Mit uns nicht!

Ausländer sind Kollegen

Über Ausländer wird im Augenblick mehr gesprochen, als dem Zusammenleben guttut. Am meisten zerreißen sich die den Mund, die mit Ausländern nichts zu tun haben. Die schlimmsten Türken-Witze erzählen sich Kinder, die gar keine Türken kennen.

Ausländerfeindlichkeit mag sich an Stammtischen breitmachen. In den Betrieben gibt es sie nicht. Im Bergbau unter Tage schon gar nicht. Oder bei der städtischen Müllabfuhr. Angst vor »Überfremdung« hat eine Chance, wo Deutsche und Ausländer geballt zusammenwohnen. Diese Angst ist nicht Ergebnis von Fremdenhaß, sondern von Ungewißheit.

Wenn die Hälfte einer Schulklasse türkische Kinder sind – wer soll da wen integrieren? Die da von Integration schwärmen, haben für ihre Kinder meistens längst eine Schule mit einem geringen Ausländeranteil ausgesucht.

Oft wird in politischen Diskussionen über Ausländer wie über ungebetene Eindringlinge gesprochen. Deshalb ist ein Rückblick hilfreich: In den 50er Jahren wurden im Zeichen einer starken wirtschaftlichen Expansion zwischen den Arbeitgebern, den Gewerkschaften und den Regierungen von Bund und Ländern drei Alternativen diskutiert: das Wachstum drosseln, die Rationalisierung beschleunigen oder ausländische Arbeitskräfte anwerben. Wir haben uns damals für die letzte Alternative entschlossen. Eine vierte, menschlichere Alternative, nämlich die Maschinen zu den Men-

schen zu bringen, wurde damals nicht ernsthaft genug in die Überlegung einbezogen.
So haben die ausländischen Arbeitnehmer uns geholfen, Produktionskapazitäten auszulasten, die Finanzen der Sozialversicherung zu stabilisieren und schwierige Strukturprobleme unseres Arbeitsmarktes zu überwinden. Die Meinung, bei hoher Arbeitslosigkeit wären Ausländer überflüssig, ist nicht nur unkollegial, sondern entspringt auch wirtschaftlichem Analphabetentum. Als wir 1955 den Anwerbevertrag mit Italien schlossen, hatten wir 1,07 Millionen Arbeitslose. Heute sind 26 Prozent der Bergarbeiter unter Tage Türken. In Frankfurt sind 60 Prozent der Toilettenreiniger, 52 Prozent der Mülltonnenschlepper und 93 Prozent der Straßenkehrer beim Reinigungsamt Ausländer. Welche deutschen Arbeitnehmer sollten sie ersetzen?

Die Ausländer – zugeflogen?

Ausländer sind uns nicht zugeflogen. Ganze Anwerbekolonnen haben wir in die Herkunftsländer geschickt: zuerst 1955 nach Italien, dann ab 1960 nach Spanien und Griechenland und ab 1961 in die Türkei. Wahrscheinlich hätten wir uns auf diesem Werbefeldzug ein wenig mehr besinnen müssen. Wieviel Anstrengung zum Beispiel auf beiden Seiten nötig ist, wenn islamische Türken und christliche Deutsche alltäglich miteinander leben sollen.
Aber nun sind sie hier. Weit mehr als die Hälfte der 1,5 Millionen Türken übrigens schon länger als sechs Jahre. Sie arbeiten Jahr für Jahr, zahlen Steuern und Sozialversicherungsbeiträge. Schon deshalb darf unser Kollege aus Anatolien oder Sizilien in nichts anders behandelt werden als der Kollege aus Oberhausen. Zwei Sorten von Arbeitnehmern, mindere und edlere – nicht mit uns!

Und die Ausländer benehmen sich auch nicht anders als ihre deutschen Kollegen, sie sind nicht fauler und treiben nicht mehr Mißbrauch mit dem sozialen Netz. Acht Prozent der Sozialhilfe-Empfänger sind Ausländer. Das entspricht ziemlich exakt ihrem Anteil an der Bevölkerung. Natürlich gibt es Mißbrauch durch Ausländer, der bekämpft werden muß. Wie bei den Deutschen!

Wenn wir uns für die Familien einsetzen, dann gilt dies nicht nur für die deutsche Familie. Ein Prinzip macht nicht an den Landesgrenzen halt. Wer die Familienzusammenführung ausländischer Arbeitnehmer behindert, straft seine familienpolitischen Bekenntnisse Lügen.

(Soziale Ordnung, April 1982)

Kann Flüchtlingshilfe Einmischung in innere Angelegenheiten eines Landes sein? Im Frühjahr 1991 begleitet Norbert Blüm einen Hilfsflug zu den Kurden im Südosten der Türkei, Flüchtlingen vor Saddam Husseins Schergen. Sein Fazit: Die Menschenrechte gebieten Einmischung.

Hilfen nicht länger Grenzen setzen

Ich habe in den Bergen Kurdistans Furchtbares gesehen und erlebt: Kinder, von Napalm und Giftgas entstellt, vom Tod gezeichnet, sterben leise vor sich hin – mit Worten nicht zu beschreiben. Mehr als Worte bleibt mir das Bild eines jungen Vaters im Gedächtnis, der sein sterbenskrankes Kind einem Arzt hilfesuchend entgegenhielt. Auf das resignierte Kopfschütteln des Arztes ging der Mann still davon, dann murmelte er: »Aber ich habe doch heute schon eins meiner Kinder beerdigt ...«
Es müßte ein Mensch aus Stein sein, der da kein Mitleid hätte. Aber Mitleid ohne Folgen verändert die Welt nicht. Den Kurden muß noch wirksamer geholfen werden – humanitär und politisch. Nur eine beispiellose Hilfsaktion kann Tausenden, Zehntausenden, Hunderttausenden das Leben retten. Wir haben den Mond erobert, beherrschen neue Techniken mit geradezu atemberaubender Präzision – sollte die zivilisierte Menschheit da nicht fähig sein, ein Volk vor dem Mord zu schützen?!
Die humanitäre Soforthilfe ist die eine Seite, die politische Lösung die andere. Die Kurden wollen nicht über die Welt zerstreut werden, sie wollen in ihre Heimat zurück. Ihr Heimatrecht werden die Kurden nur in Anspruch nehmen, wenn ihre Dörfer und Städte vor Überfällen und Massakern geschützt werden. Sie brauchen eine durch UNO-Truppen

geschützte Sicherheitszone. Wir brauchen eine neue internationale Übereinkunft zum Schutz von Flüchtlingen. Staatliche Grenzen dürfen internationale Hilfe nicht länger behindern. Not macht vor Grenzen nicht halt – aber auch der Hilfe dürfen nicht länger Grenzen gesetzt sein.
(Bild am Sonntag, April 1991)

Bei der Jagd auf kurdische Rebellen schont die türkische Regierung die Zivilbevölkerung nicht. Norbert Blüm sagt eine geplante Reise ab.

An den
Minister für Arbeit
und Soziale Sicherheit
der Republik Türkei

Bonn, 26.3.1992

Sehr geehrter Herr Kollege Mogultay,

vor wenigen Tagen habe ich Ihre Einladung zu einem Besuch in der Türkei angenommen. Ich habe dies in der Hoffnung getan, daß meine Reise die freundschaftlichen Beziehungen zwischen unseren Ländern vertiefen kann. Sie wissen, daß mir dies persönlich ein wichtiges Anliegen ist. Daneben gibt es eine Reihe sozialpolitischer Fragen, über die wir uns austauschen wollten.
Aufgrund der jüngsten Ereignisse in Ihrem Land, die mich tief betroffen machen, sehe ich mich gezwungen, die Reise abzusagen.
Terroristische Gewalttäter verdienen auch in einem Rechtsstaat keine Schonung. Ich verurteile entschieden die Gewaltanwendung durch die PKK. Aber kein Rechtsstaat darf die Zivilbevölkerung in Mithaftung für terroristische Aktionen nehmen.
Ich bin entsetzt darüber, daß die kurdische Zivilbevölkerung Ziel und Opfer militärischer Aktionen der Türkei ist.
Wo Menschenrechte in so massiver Form verletzt werden, kann ich gerade als Freund der Türkei nicht schweigen. Ich will nicht Gast in Ihrem Land sein, wenn zur gleichen Zeit unschuldige Kinder, Frauen und Männer ihr Leben durch Aktionen der türkischen Sicherheitskräfte verlieren.

Bereits im vergangenen Frühjahr habe ich das Elend kurdischer Flüchtlinge in Ihrem Land gesehen.
Heute nun sterben unschuldige Kinder, die türkische Staatsbürger sind, durch die Hand türkischer Sicherheitskräfte.
Das Elend des kurdischen Volkes wird durch diese barbarischen Angriffe ins Unermeßliche gesteigert. Die Tötung wehrloser Menschen und die Mißachtung elementarster Menschenrechte ist für mich kein Mittel der Politik, so kann und darf das Kurdenproblem nicht gelöst werden.
Ich verurteile diese Eskalation der Gewalt, mit der sich die Türkei auch gegenüber der Weltöffentlichkeit ins Unrecht setzt.
Das durch nichts zu rechtfertigende und inhumane Verhalten der türkischen Regierung erschwert die weitere Annäherung der Türkei an die Europäische Gemeinschaft.
Ich hoffe auf eine baldige Änderung der Umstände, damit die traditionelle Freundschaft zwischen dem türkischen und dem deutschen Volk keinen dauerhaften Schaden nimmt und die geplante Begegnung nachgeholt werden kann.
(Brief vom 26. März 1992)

Es hat immer Versuche gegeben, für Terroristen wenn nicht Sympathie, dann doch etwas Verständnis aufzubringen. Norbert Blüms Antwort im Frühjahr 1989: Keine Kompromisse mit der Gewalt.

An den Rändern unserer Demokratie zündelt die Gewalt

An den Rändern unserer Demokratie zündelt wieder die Gewalt. Man protestiert mit Bomben. Entscheidungen ohne Mehrheit, dafür mit Gewalt: Das ist das Programm des Terrorismus.

Der Terrorismus ist ein Rückfall in vorstaatliche Zeiten. Terroristische Gewalttäter sind Straftäter wie andere Straftäter. Mord bleibt Mord. Es kann keine Kompromisse mit der Gewalt geben. Es haftet dem Terrorismus nichts Heroisches an. Deshalb kann der Staat kein Verhandlungspartner der Terroristen sein.

Wie soll denn die Autorität des Rechts in seiner »majestätischen Gleichheit« gewahrt bleiben, wenn es Sonderrechte für terroristische Mörder gibt? Aber es gilt nicht nur für den Terrorismus, sondern für jede Art von Gewalttätern.

Den Lorenz-Entführern wurde nachgegeben. Die Morde an Buback, Ponto und Schleyer waren die Antwort. Aber wer spricht auch noch von den Fahrern und Polizisten, die umgebracht wurden?

Wer erinnert sich an Wolfgang Göbel – Fahrer von Generalbundesanwalt Buback, ermordet am 7. April 1977?

Wer erinnert sich an Georg Wurster, Justizhauptwachtmeister, der am 13. April 1977 nach dem Mordanschlag starb?

Wer erinnert sich an Heinz Marcicz, den Fahrer von Hanns-Martin Schleyer, ermordet am 5. September 1977 in Köln? Er hinterließ drei Kinder.

Wer erinnert sich an Reinhold Brändle, Polizeihauptwachtmeister, ermordet am 5. September 1977 in Köln?
Wer erinnert sich an Helmut Ulmer, Polizeihauptwachtmeister, ermordet am 5. September 1977 in Köln?
Ist dies alles vergessen?
Ich rufe nicht nach Rache, aber nach einem Staat, der das Recht verteidigt und nicht feige vor den Tätern und der Gewalt auf die Knie geht.
(NRW-CDU-Parteitag, Siegen, 29.4.1989)

Angesichts des endlosen Mordens im ehemaligen Jugoslawien ruft Norbert Blüm immer wieder: Wir brauchen eine Weltpolizei der UN!

Wir brauchen eine Weltpolizei

BILD: Herr Minister Blüm, was muß jetzt geschehen?
Blüm: Ich frage mich, ob wir nicht eine Weltpolizei der UN brauchen, die militärisch dazwischenfährt, wenn Völker sich wie kollektive Amokläufer benehmen. Eine Weltpolizei, die ihnen die Waffen wegnimmt, sie zerstört und die Streithähne auseinanderbringt. Einem solchen Friedensdienst können sich auch die Deutschen nicht entziehen.
BILD: Droht ein Flüchtlingsstrom?
Blüm: Ja. Wenn das Massenmorden weitergeht, gibt es einen Massenexodus von Frauen und Kindern auch nach Deutschland. Keine Grenzen können das verhindern.
(Bild, 15. Juni 1992)

II.

»Bestenfalls der Weisheit vorletzter Schluß«

– Über Religion und Politik –

Wozu taugt eine christlich orientierte Politik? Norbert Blüms vielfältige Antwortversuche ranken um die Hoffnung: Sie ist gegen Willkür und Fanatismus gefeit. Ein Text-Beispiel.

Gebt dem Kaiser, was des Kaisers, und Gott, was Gottes ist

Die Exegeten haben in diesem Satz das Programm der Teilung der weltlichen und der geistlichen Macht entdeckt. Der Satz war die Berufungsinstanz im mittelalterlichen Investiturstreit. Der mittelalterliche Dualismus vom Papst auf der einen Seite und dem Kaiser auf der anderen ist die Basis der abendländischen Freiheit. Anders als im byzantinischen Cäsaropapismus entstand in Europa kein Machtzentrum, dem sich ausfluchtslos die gesamte Bevölkerung unterordnen mußte. Die Zwei-Schwerter-Lehre des europäischen Mittelalters gewährte Schutz dem, der vor der Macht des anderen Schwertes flüchtete. Die neuzeitliche Theorie der Gewaltenteilung als Möglichkeit der freiheitssichernden Machtbalance findet im mittelalterlichen Dualismus zwischen Kirche und Staat ihren Vorläufer.

Kirche und Staat sind freilich nur eine Seite des Verhältnisses von Religion und Welt. Die andere Seite kommt in der Säkularisation zum Vorschein. In ihr drückt sich die Befreiung der Welt von der numinosen Überwältigung der Erde aus. Insofern hat die neuzeitliche, kirchenfeindliche Form der Säkularisation sogar einen ihrer Ursprünge in der jüdisch-christlichen Einstellung zur Welt.

Die Welt als Material der menschlichen Herrschaft erscheint in ihrem prototypischen Ausdruck im Schöpfungsbericht. Der Mensch als Herr der Schöpfung und die Schöpfung als Handlungsfeld des Menschen sind jüdisch-christliche Erfindungen, welche die Erde befreiten von jener heidnischen Vergöttlichung der Natur, die in jedem Fluß und in jedem Baum ein göttliches Wesen vermutete. Das Christentum drängte die Tabus zurück und trivialisierte die Natur zum Stoff. Industrialisierung ist ohne die Entzauberung der Erde von ihrem gottähnlichen Wesen und ihrer Etablierung als Objekt der menschlichen Herrschaft nicht denkbar.

Christentum als Freiheitsermöglichung und Christlichkeit als Inspirator der menschlichen Weltbeherrschung sind zwei Gesichter der Geschichte der christlichen Religionen, die sich auch im Verhältnis von Kirche und Politik niederschlagen.

Schon an diesem Beispiel zeigt sich, daß das Verhältnis von Kirche und Politik eingebettet ist in religionsgeschichtliche Vorentscheidungen. Deshalb soll auch noch ein drittes Beispiel historisches Licht auf das moderne Problem Kirche und Politik werfen.

Als der Kosmos des christlichen Mittelalters zerfiel, das Christentum selbst in Austausch mit nichtchristlichen Kulturen eintrat, genügten die biblisch-theologischen Antworten auf die Fragen der Welt nicht mehr. Die christlichen Philosophen stießen auf der Suche nach einer auch Nichtchristen einleuchtenden Verbindlichkeit politischer Ordnungen auf das Naturrecht.

Durch die Vermittlung der arabischen Philosophie fanden die alten Antworten der klassischen Naturrechtsdiskussion wieder Eingang ins europäische Bewußtsein. Es muß doch etwas jenseits der religiösen Differenzen geben, das die Menschen eint, und jenseits aller konkreten historischen Festlegungen des Rechts muß es ein Recht geben, auf das sich alle berufen und unter dessen Rechtfertigung alle Rechtssetzer stehen. Dies ist die Überzeugung, die dem Naturrecht zugrunde liegt, und die Basis der christlichen Soziallehre.

Die christliche Soziallehre läßt sich auch als Emanzipation aus einer rein theologischen Weltdeutung verstehen. Insofern führen die Anhänger der politischen Theologie zurück hinter den Erkenntnisstand der Scholastik.
Die christlichen Philosophen des Mittelalters sind die Brücken, über welche die klassische Naturrechtstradition in die Moderne befördert wird. Ohne die Gewißheit, daß keine Macht der Welt die dem Menschen von Natur aus zustehenden Rechte nehmen darf, wäre die Idee des demokratischen Verfassungsstaates nicht denkbar. Die Grundrechte unseres Grundgesetzes folgen der naturrechtlichen Überlieferung.

Menschenrechte sind vorstaatlicher Herkunft

Das Recht auf Leben, Meinungsfreiheit, körperliche Unversehrtheit ist nicht vom Gesetzgeber geschaffen, sondern lediglich übernommen. Es ist vorstaatlicher Herkunft.
Die christliche Naturrechtslehre bahnte dem Rechtsstaat den Weg. Seine Unverzichtbarkeit ist aktuell.
Nach dem Terror nazistischer legislativer Willkür ist das Vertrauen in den positiven Gesetzgeber geschwunden. Staatliche Macht muß von der Idee des Naturrechts gebändigt werden. Rechtsstaatlichkeit, die lediglich durch Legalität bestimmt wäre, liefert noch keinen Schutz vor der Eroberung der Gesetzgebung durch menschenverachtende Mehrheiten. Daß der Menschenrechtskatalog des Grundgesetzes auch durch Mehrheiten nicht außer Kraft gesetzt werden kann, ist die beste Frucht der Naturrechtstradition.
Indem die christliche Religion die Würde des Menschen in Gott verankert, den Menschen als Partner des Schöpfers einsetzt, in ihm selbst das Abbild Gottes sieht, entzieht sie seinen Wert innerweltlichem Kalkül. So findet die Würde

des Menschen ihre prinzipielle Verankerung in einer außerweltlichen Instanz. Ihr naturrechtlicher Ausdruck schafft Schutz dem Schwachen vor der Übermacht der Mächtigen. Das Naturrecht ist das Recht der Schwachen. Die Tyrannen waren auf Naturrecht nie angewiesen, ihnen genügte die Macht.

»Nur eine Grenze hat Tyrannenmacht:
Wenn der Gedrückte nirgends Recht kann finden,
wenn unerträglich wird die Last,
greift er hinauf getrosten Mutes in den Himmel
und holt herunter seine ewigen Rechte,
die droben hängen unveräußerlich
und unzerbrechlich wie die Sterne selbst.«

Friedrich Schiller hat so im »Wilhelm Tell« das Zutrauen des Volkes zum Recht jenseits der Gesetze auf klassische Weise formuliert.
Das Naturrecht als Zuflucht der Schwachen und die Kirche als Verteidiger des Naturrechts, das könnte eine politische Koalition gegen Unterdrückung sein.
Die Kirche nicht als allzuständige politische Macht hat Zukunft. Aber die Kirche als Notwehrinstanz der Menschenrechte erhält neue Brisanz angesichts totalitärer Versuchungen.

Die Kirche als Rettung in letzter Instanz

Als alle weltliche Ordnung zusammenbrach, erschien Papst Leo I. vor den Mauern Roms und besänftigte Attila und seine Horden. Die Kirche als Rettung in letzter Instanz ist jedoch nicht nur ein Notbehelf aus Verlegenheit. Die Notwehr findet ihre Begründung auch im Naturrecht.
Das Naturrecht sichert die Existenz des Menschen als

Mensch. Es eignet sich jedoch eher zur Abwehr als zur Gestaltung. Daß Auschwitz widernatürlich ist, ist unstrittig. Aber wie das Leben in Berlin, San Francisco, Hongkong oder sonstwo zu organisieren sei, darüber sagt das Naturrecht wenig. Seine Stärke ist die Negation des Bösen und nicht die Formulierung des Guten. Mit der Projektion des Naturrechts und seiner politischen Durchsetzung ist Politik nicht erschöpft. Wie die Rentenversicherung zu organisieren sei, ob Gesamtschule Regelschule werden soll und warum der Länderfinanzausgleich so und nicht anders organisiert werden muß, darüber sagt das Naturrecht nichts. Und vorsichtig muß die Kirche sein bei der Wegweisung jenseits der Todeslinien des Naturrechts.

Ich glaube, daß trotz der Unentschiedenheit der instrumentalen Vernunft christliche Inspiration gefordert ist. Die Nachfrage nach dieser Christlichkeit bleibt aktuell. Ihre hervorragenden Mitbringsel für eine politische Diskussion sind die

– Brüderlichkeit – Menschennähe – Vorläufigkeit –

der Politik.

Die christliche Gleichheit vor Gott ist der stärkste Impuls, den die Brüderlichkeit je in die Geschichte einbrachte.

»Einer nur ist euer Meister, ihr alle aber seid Brüder«, das ist die revolutionäre biblische Botschaft, von der viele Bewegungen der Brüderlichkeit ihren Anstoß empfingen. Alle Herrschaft ist nur ein Lehen, und alle Vorrechte fallen zusammen im dramatischsten Punkt des Lebens – dem Tod und dem Gericht.

Gegenüber allen Großprogrammen der Gesellschaft beharrt eine christliche Politik auf der Testfrage: »Was hast du dem geringsten meiner Brüder getan?«

Die Dogmatik ideologischer Entwürfe mag noch so faszinierend sein, Christen müssen auf der Frage beharren, was der konkrete Mensch erfährt. Alle gesellschaftlichen Veranstaltungen sind nur so viel wert, wie sie im Alltag den Menschen erreichen. Deshalb ist in eine christliche Politik ein Vorurteil gegen Großorganisationen eingebaut; der Verdacht besteht, daß die Großstrukturen außerhalb der Reichweite menschlicher Erlebnisfähigkeiten bleiben.

Nie war die christliche Soziallehre mit ihrem Angebot der Subsidiarität moderner als heute. Die Dynamik industrieller Organisationen drängt ins Gigantische. Im Zug zur Größe schleicht sich jedoch immer stärker Entfremdung ein. Der Mensch ist in Gefahr, sich in der Spurenlosigkeit von Großbürokratien zu verlieren. Die Wende heißt deshalb: Vorfahrt für die kleine Gemeinschaft. Was die kleine Gemeinschaft aus eigenen Kräften bewältigen kann, das darf ihr die Großorganisation auch unter dem Vorwand der Perfektion nicht abnehmen. Die Hoffnung, die mit der Vorstellung der Gesellschaft als Maschine verbunden war, hat sich nicht erfüllt. Weder die Großschule noch das Großkrankenhaus, noch die Großgemeinde haben die Erwartungen befriedigen können, die ihre Propagandisten mit ihnen verbunden haben. Rückkehr zur Überschaubarkeit wird zur Bedingung des Überlebens der Humanität.

Es gibt nichts Endgültiges auf dieser Welt

Eine christliche Politik beharrt auf dem Vorurteil, daß es nichts Endgültiges auf dieser Welt gibt. Also ist auch das, was Christen wollen, noch nicht der Weisheit letzter, sondern bestenfalls ihr vorletzter Schluß. Das unterscheidet sie von den Ideologen des perfekten Glücks.

Wer für alle Rätsel der Welt die Auflösung weiß, für den ist das Glück formulierbar. Wer die Vollkommenheit zu besitzen vorgibt, steht immer in der Versuchung zu totalitärer

Gewalt, denn er muß auch jene zum Glück zwingen, die es noch nicht einsehen. Eine Politik der Vorläufigkeit ist dagegen nicht nur gesprächsbereit, sondern auch gesprächsbedürftig. Denn die Wahrheit wie das Glück entfalten sich auf der Erde nie vollkommen. Jeder bedeutet etwas für das allgemeine Schicksal. Und jeder vermag etwas beizutragen zur Entschlüsselung der Wahrheit. Deshalb ist der Dialog das Instrument einer bescheidenen Politik.

Der Erfolg auch der stärksten Häresie, welche die Geschichte der politischen Ideen gebar, läßt sich nicht erklären, ohne in ihr das Körnchen Wahrheit aufzufinden, das in ihr enthalten war.

Der Kapitalismus verabsolutiert die individuellen Interessen des Menschen, der Sozialismus sein Sozialwesen. Ihre Fehler sind vergleichbar. Beide setzen Teilwahrheiten für das Ganze. Die Wahrheit liegt zwischen den extremen Teilwahrheiten, das wußte schon Aristoteles, in der Mitte. Die Lösungen bestehen im Sowohl-Als-auch, im Teils-Teils und weniger im schroffen Entweder-Oder. Der Mensch ist sowohl Individual- wie Sozialwesen. Die Politik der Mitte jedoch leidet unter einem enormen Wettbewerbsnachteil. Sie braucht, wie diese wenigen Bemerkungen schon beweisen, zuviel Worte. Die Ideologen des Entweder-Oder haben es leichter. Sie können die Welt in Formeln abpacken. Ein System der Ausgewogenheit und ein Programm, das mehreren Gesichtspunkten Rechnung trägt, ist auch leichter mißbrauchbar, weil aus seiner Formulierung jeder sich das herausnehmen kann, was ihm paßt, unter Vernachlässigung der Position, mit der seine eigene ausgeglichen werden muß.

Dennoch, eine christliche Politik besteht aus dem Zwang zum Ausgleich, denn niemand darf unter die Räder kommen, selbst der reiche Prasser nicht. Der Kompromiß ist der Ausweis der Festlegungen.

Solidarität als Notwehr einer Klasse ist plausibel. Die christliche Solidarität jedoch verlangt mehr und das fast Menschenunmögliche: die Solidarität nicht nur des Starken mit dem Schwachen, sondern auch des Schwachen mit dem Starken. Dies überfordert den Menschen an vielen Stellen so sehr, wie die christliche Feindesliebe unseren Gefühlen widerstreitet.

»Sage mir, welches Menschenbild du hast, und ich will Dir sagen, welches Ordnungsbild du hast«, auf diese Formel brachte Oswald von Nell-Breuning die Unterscheidung der Ideologen.

Ein christliches Weltbild hält gleich weiten Abstand zu den individualistischen Irrtümern wie zu den kollektivistischen. Es könnte sein, daß in Westeuropa die Christen allzusehr darauf geachtet haben, den nötigen Abstand zum sozialistischen Kollektivismus zu halten, ohne der ebenso großen Notwendigkeit Aufmerksamkeit zu schenken, daß auch der kapitalistische Individualismus kein näherer Verwandter des Christentums ist als sein sozialistischer Bruder.

Im christlichen Menschenbild also vereinigt sich Individual- und Sozialnatur des Menschen, und ihr politischer Ausdruck wird immer ein Balanceakt bleiben. Im Unterschied zu den Extrempositionen vermag das Christentum keine Beruhigung zu schaffen. Politik bleibt ein Balanceakt.

(Rheinischer Merkur, Februar 1981)

Der Katholik Norbert Blüm hat auf vielen evangelischen Kirchentagen mitgewirkt. Im Sommer 1987 in Frankfurt/Main begegnet er heuchlerischer Verachtung der Politik. Er entrüstet sich.

Pharisäer unter sich

Ich bin seit vielen, vielen Kirchentagen ständiger Besucher, und immer ging ich mit einem Hauch Fröhlichkeit nach Hause. Zum erstenmal kam ich jetzt traurig, ja, ich gestehe, fast wütend nach Hause.

Ich habe auf so engem Raum noch nie so viel Selbstgerechtigkeit versammelt gesehen wie an jenem Sonntag bei der Schlußversammlung im Frankfurter Waldstadion. Als Hauptredner fehlte nur noch der biblische Pharisäer, dessen Predigt unter dem Leitwort gestanden hätte: »Herr, ich danke Dir, daß ich nicht so bin wie die Politiker.«

Ist die Bedingung der Auserwähltheit die Verdammnis der anderen? Braucht man immer noch einen »Fußabstreifer«? Die Politiker, ganz besonders »die da oben«, dienten als Fußmatten des Kirchentags. Es ist der alte Irrtum im neuen Gewand, man müsse durch Ausgrenzung den Konformitätsdruck im Binnenraum erhöhen. Aggression als Mittel der Selbstbestätigung? Aber vielleicht ist es auch nur das alte Laster Hochmut. Dieses Biest – so klein es ist – hat schon viel Unheil über die Christenheit gebracht.

Staatliche Ordnung, welche dem Chaos wehrt und unsere destruktiven Energien zu bändigen sucht, sie ruft nur ein müdes Gähnen oder – wie bei Wallmanns Erwähnung des Staates – ein irres Gelächter hervor.

Ja, die Kirche muß auf der Seite der Gequälten und Unterdrückten stehen und schreien für die, denen das Wort genommen ist. Aber befinden die sich nur in der westlichen

Hemisphäre? Merkwürdig, daß dem Prediger weder Afghanistan, Kambodscha oder der Name Gulag einfällt. Statt dessen nur die bejubelten Karikaturen von Politikern, die er mit Zylinder, sektfrühstückend den nächsten Krieg vorbereitend, darstellte. Ja, wenn die Friedensfeinde so einfach festzumachen und festzunehmen wären, wie Präsident Allan Boesak (südafrikanischer Theologe und Politiker, 1982–1990 Präsident des Weltbundes der Reformierten Kirchen) sie beschrieb!

Politik als schmutziges Geschäft. Das deutsche Butzenscheibenbürgertum versammelte sich wieder einmal am Stammtisch, diesmal ohne Bierdeckel und nicht in der Kneipe.

»Macht« tauchte in Predigten und Darstellungen des Schlußgottesdienstes nur im Zusammenhang mit »Profit«, »Korruption« etc. auf. Entsinne ich mich richtig: Für Luther war Macht eher Last und Verantwortung, Qual. Wie sonst wären die vielen christlichen Gebete für die »Obrigkeit« verständlich. Aber diese Art »Zivilisation der Barmherzigkeit«, von der die Kirchentagspräsidentin so eindrucksvoll sprach, für die Regierenden taucht sie im modernen Protestantismus nicht einmal mehr als Erinnerung auf. Wer dürfte da auf Gebete hoffen?

Wer berichtete etwas von der Not der Güterabwägung, die unter den Bedingungen der sündigen Welt das Bessere sucht und das Beste und allein Richtige dem lieben Gott oder dem neuen Himmel vorbehält?

Bei den meisten Entscheidungen, die ich zu treffen hatte, schwankte ich zwischen 49 Argumenten auf der einen und 51 auf der anderen Seite. Ich hatte selten das Glück, zwischen Gerechtigkeit und Ungerechtigkeit so unterscheiden zu können wie zwischen Gott und Teufel.

Die Verteufelung Andersdenkender ist eine billige Form der Propaganda, aber nicht Ausdruck jener christlichen Einsicht, daß die Wahrheit nie ganz zu erfassen und Gott größer ist als unsere Entwürfe und wir uns ihm nur im Dialog auf der Suche nach besseren Lösungen nähern können. Von Bescheidenheit oder gar Demut war in der Schlußkundgebung keine Rede.

Von Forderungen an »die da oben« war die Rede. Keine Frage an sich selbst. Und sie alle, die beauftragten Redner des Kirchentages, schafften für diese Flucht vor der eigenen Verantwortung die freie Fahrt.

Es gibt kein Versagen des Kollektivs, sondern nur die Schuld des einzelnen. Diese heilsgeschichtliche Wahrheit, die zu erkennen ein protestantisches Verdienst ist, wurde selbstvergessen untergepflügt. Aber wo es keine Schuld des Jedermann gibt, gibt es nur die Sühne von Niemand. Reue, die Antwort auf individuelles Versagen, diese theologische Kategorie blieb eine ferne Unbekannte.

»Finsternis und himmlische Heerscharen«

Der Kirchentag im Stadion zu Frankfurt war das Pokalendspiel zwischen dem »Reich der Finsternis«, dargestellt durch die Politik, und den »himmlischen Heerscharen«, als deren Stellvertreter sich eine fröhlich swingende tausendköpfige Menge verstand.

Wie selbstgerecht und selbstüberheblich eine solche Überschätzung der eigenen Kräfte gedeihen kann, offenbarte jener spontane Beitrag eines Kirchentagsbesuchers, der die Schweigeminute unterbrach, um sich selbst als Gottes überraschende Stimme darzustellen, und dann doch nur Altbekanntes vortrug. So sehr sind die Preise gesunken. Selbstverliebte Selbstentblößung feiert sich als Liturgie.

Man merkt den neuen Propheten so wenig die Qual der Suche an und die Not, es sagen zu müssen. Ihre Wahrheiten sind leichtfüßig. Sie wissen es. Herzlichen Glückwunsch.

Woraus meine Betroffenheit resultiert? Weniger aus den Reden – davon bin ich einiges als Politiker gewohnt –, sondern mehr von ihren Folgen. Eine der Folgen erlebte ich auf dem Heimweg von der Schlußveranstaltung. Eine fröhliche Softie-Gruppe skandierte in Nachbarschaft zu dem Bundeskanzler den hämisch verachtenden Spruch: »Die Birne muß ab.« Wie leicht zu erkennen ist, eine Variante zum menschenverachtenden Spießbürgerzynismus: »Die Rübe muß runter.« Sieh mal an: die alten Menschenverächter in der Maske von Softies. Es waren dieselben Leute, die wenige Minuten vorher ihre kollektive Liebe zu den unterdrückten Negern in Südafrika erklärt hatten.
Ich bin wie sie gegen Rassendiskriminierung. Gottes Kinder tragen zwar unterschiedliche Hautfarben. Sie sind ihm aber alle gleich lieb. Mich stört nur der Kontrast zwischen großer Globalliebe und kleinem Nächstenhaß. Es wird langsam protestantisch schick, Politiker und Politik selbstüberheblich zu verachten.
Ich habe nicht vor, mich zu entschuldigen, daß ich diesem Berufsstand angehöre. Es ist ein anständiges Handwerk wie andere. Ich kann auch mit jener Mimikry von Politikern nicht dienen, die sich dadurch anbieten, daß sie sich dauernd für ihr Dasein als Politiker entschuldigen. Ich nehme die Herausforderung an.
(Deutsches Allgemeines Sonntagsblatt, Juli 1987)

Ohne Religion ist der Mensch vor allem eins: anonym. Die säkularisierte Gesellschaft läßt ihn mit seiner Sinnfrage allein.

Kafka und die Hölle

Wenn ich mir die Hölle vorstelle, verzichte ich auf Feuer und behelfe mich mit Kafka. Menschen, die trotz endloser Versuche nicht ans Ziel gelangen, beschreiben uns auch andere Romane, aber in Kafkas Welt bleiben die Gründe der Vergeblichkeit nicht nur dem Helden, sondern auch dem Leser unbekannt.

Herr K. wartet vor dem Schloß und weiß nie, wer ihm den Zugang verwehrt. Meldungen von unbekannten Absendern, Befehle von Namenlosen, Verweise an neue Stellen, immer neue Hoffnungen und Enttäuschungen, so lange, bis weder Hoffnungen noch Enttäuschungen sich melden. K., mit diesem Kürzel bezeichnet Kafka seinen Helden: ein Buchstabe weniger, und auch er wäre ein nichts – K. also kämpft gegen einen unfaßbaren Widerstand.

Die Sperre, die nicht durchbrochen werden kann, bleibt unbenennbar. Der Gegner ist anonym.

Leser mit ideologischen Bedürfnissen mögen diesen Gegner »das System« nennen. Aber auch die Definitionen schaffen nichts zum Anfassen. Unbegreifbar und kalt ist der Widerstand.

Das Verpackungsmaterial dieser Welt ist die Watte der Anonymität. Du stößt nirgends an und bleibst ganz unberührt.

Die Präludien der Anonymität

Die Besatzung der B 29, welche am 6. August 1945 über Hiroshima die Atombombe ausklinkte, entzückte sich an jenem phantastischen Atompilz, der Augenblicke später am Himmel aufstieg. Dann flog sie zu ihrem pazifischen Inselstützpunkt zurück. Von den 100 000 Menschen, die im Atompilz verglühten, der die Ursache jenes wunderschönen Himmelsgebildes war, kannten sie niemand. Der Adressat der Atombombe blieb ungesehen, der Feind gesichtslos. Das Angriffsspiel war zum Objekt geschrumpft, eingetragen in die Planquadrate einer Landkarte.
Einzig der Auslöseknopf »bomb« mußte im richtigen Augenblick gedrückt werden. Heutzutage übernehmen auch das noch die Computer. Nicht Aug' in Auge, sondern Knopfdruck gegen Knopfdruck wird Feindschaft im Maschinenzeitalter ausgetragen.

Der Patient im Lochkartenformat

Der Patient, der das Großklinikum betritt, schrumpft bald auf Lochkartenformat. Nicht der kranke Mensch, sondern ein reparaturbedürftiger Organismus ist Behandlungsgegenstand in der Gesundheitsfabrik. Blinddarm auf Zi. 1218! Das Behandlungsobjekt wandert von Apparat zu Apparat. Ablauftechniker verbessern die Rationalität der Ablauffolge. Sie sprechen in Analogie zum Aktenfluß in Verwaltungen vom »Patientenfluß«. Dem »Fließband«, auf dem sich der behandelte Patient befindet, entspricht der Maschinentakt, dem das behandelnde Personal gehorcht. Das Elektrokardiogramm von rund 100 Patienten gehört zum normalen Tagespensum eines technischen Assistenten. Aktiv und Passiv entsprechen sich spiegelbildlich.
Sieben Jahre lag ein Rentner tot im Zimmer seiner Hoch-

hauswohnung. Die Bankbuchhaltung funktionierte störungsfrei. Ein Dauerauftrag führte die monatliche Miete ebenso regelmäßig ab, wie die Rente pünktlich ankam. Als Rentenempfänger und Mietzahler hatte der Tote weiterhin Verbindung zur Außenwelt. Rente und Miete waren einst auch anscheinend die Restkontakte des Lebenden. Doch sie sind offenbar zuwenig, um vom Leben Kunde zu geben oder das Ableben zu melden.

Kafkas Hölle ist noch nicht erreicht. Aber die Anonymität breitet sich aus und frißt sich tiefer ins Leben ein. Wie wäre es, wenn man das Höllenfeuer als kalte Anonymität und eine perfekt verwaltete Welt als Einübung ins Vergessen begreifen würde?

Möglicherweise ist auch noch der Ausbruch der Gewalt in den hochzivilisierten Industriegesellschaften ein letzter verzweifelter (und völlig untauglicher) Versuch, sich bemerkbar zu machen und Spuren in die glattpolierte Welt einzuschrammen.

Es gilt, die Ursachen der Anonymität zu ermitteln, bevor die Frage nach ihrer Gegenwelt »Gemeinschaft und Geborgenheit« gestellt werden kann.

Ich sehe die Wurzeln der Anonymität im Verlangen nach absoluter Gleichheit und in der Sehnsucht nach bedingungsloser Selbstverwirklichung. Das isolierte Individuum, auf Einheitsformen reduziert, austauschbar, ohne Ecken und Kanten – das ist das Baumaterial der anonymen Gesellschaft.

Auf den ersten Blick sind Gleichheit und Selbstverwirklichung Gegensätze. Wer sich selbst verwirklicht, will anders sein als andere. Das jedenfalls nimmt man landläufig an. Doch es findet sich unter den Anhängern extremer Selbstbezogenheit eben doch in vielen Fällen ein verwunderlicher Fanatismus der Gleichheit. Die Emanzipation uniformiert sich. Der Egoismus gibt sich fortschrittlich.

(FAZ, 19. August 1982)

Wenn Norbert Blüm nach einem Vorbild gefragt wird, antwortet er wie aus der Pistole geschossen: Oswald von Nell-Breuning. Zu seinem Tod schrieb er diese Liebeserklärung.

Ein großer Kämpfer der leisen Töne

Fast vier Jahrzehnte habe ich ihm zugehört. Das erste Mal – ich war Lehrling bei Opel – erlebte ich ihn auf einem Lehrgang für Jugendvertreter in Königstein. Er sprach über Arbeitsvertragsrecht. Er sprach so leise wie mit sich selbst, über weite Strecken mit geschlossenen Augen. Ich kapierte fast nichts und verstand ihn ganz.

Das letzte Mal hörte ich ihm zu in seinem Zimmer in St. Georgen in Frankfurt. Es war einer jener tristen Tage, wo der naßkalte Regen trostloser ist, weil er unaufhörlich zu sein scheint. 16.30 Uhr war ausgemacht. Gott sei Dank, ich war pünktlich. »Nell« stand an der Pforte. Den Schirm in der einen, den Krückstock in der anderen Hand. Der Anzug hing an ihm wie an einem Kleiderbügel. Ein alter, zarter, zerbrechlicher Mann. So hätte er auch noch gestanden, wenn ich Stunden später gekommen wäre.

Disziplin war seine Herzlichkeit. Die Begrüßung war knapp. Nur kein Drumherum, es gibt Wichtigeres. Er ging vor mir her durch das Gewirr von Treppen und Gängen zu seinem Zimmer. Der Stöpsel am Türpfosten steckte in dem Loch, das mit Pforte bezeichnet ist. Im Vorbeigehen wird er herausgezogen. Jetzt weiß jeder, er ist in seinem Zimmer.

Alles muß seine Ordnung haben. Im Zimmer scheint die Zeit stehengeblieben zu sein. Alles ist wie immer: Feldbett, Schreibtisch, zwei Stühle, ein Schrank. Nur die Bäume vor dem Fenster sind mit der Zeit größer geworden.

Wir sitzen uns schräg gegenüber. Er an der Längsseite des

Schreibtisches. Ich an der Stirnseite. Er sei nicht mehr da, sagt er. Sein Gedächtnis lasse nach. Ich versuche einen verunglückten Trost: »Aber wir kennen uns doch schon 35 Jahre.« – »36«, knarrt es zurück. Es darf nichts falsch sein bei Nell. Aber hatte er nicht gerade gesagt, sein Gedächtnis lasse nach?

Auf seinem hundertsten Geburtstag hatte er erzählt, Radio Vatikan habe ihm »heute morgen« die Frage gestellt, welche Ratschläge er jungen Theologen für die Zukunft geben könne. »Aber ich verstehe ja schon die Gegenwart nicht mehr, wie kann ich da über die Zukunft reden?« Allerdings, dies stimme wohl immer: »Versuche, das Körnchen Wahrheit auch noch im dünnsten Einwand des Gegners zu finden.« Es gibt keinen wirkungsmächtigen Irrtum ohne dieses »Körnchen«.

Er war immer Zeitkritiker. Seine »großen Wahrheiten« verpackte er in kleine Bemerkungen. Der zeitlose Kern der Katholischen Soziallehre ginge auf die Größe eines Fingernagels, hat er einst behauptet und damit ihre Anhänger erschreckt. Hat die Katholische Soziallehre nicht mehr zu sagen? Daß der einzelne nicht allein ist, sondern vor Gott Verantwortung für andere hat, ist jedoch viel. Jedenfalls mehr, als wir schaffen.

Doch zurück in sein Zimmer. »Ja, Quadragesimo anno ist eine große Sozialenzyklika.« Er sagt es mit großem Selbstbewußtsein, denn er hat sie entworfen. Seine Bescheidenheit hat nichts mit einer Ich-bin-ja-nichts-Unterwürfigkeit zu tun, die kokettierend auf das Dementi des Gegenüber wartet. Er ist wer, das weiß er.

Seine Demut ist als Askese geübt, die sich auf Wichtiges konzentriert. Subsidiarität, meint er, sei das Stellwerk der Zukunft. »Wir kommen an den gesellschaftlichen Großgebilden nicht vorbei. Doch sie erdrücken uns, wenn wir sie nicht durch Gliederung auflockern.«

Föderalismus, Selbstverwaltung, Tarifautonomie, Familie:

alles Gliederungen, die Größe erst erträglich machen. Leider sei Subsidiarität, so wie sie in Quadragesimo anno beschrieben worden sei, auch mißverstanden worden. Der österreichische Vorkriegskanzler Dollfuß habe sie als Rechtfertigung seines Ständestaates mißbraucht. Vielleicht seien die Formulierungen in der Enzyklika auch nicht ausreichend gegen die Mißverständnisse gefeit. Doch die italienischen Faschisten hätten sie zu Recht als Angriff auf ihre totalitäre Ideologie verstanden und aus Rache die Katholische Jugend Italiens verboten. Beflissen habe der Vatikan sofort erklärt, dies sei ein Mißverständnis. »Hat Sie das nicht geärgert?« frage ich erschrocken. »Ich habe das als eine in Jahrhunderten erprobte Überlebenskunst der vatikanischen Diplomatie entschuldigt.« Ja, Nell konnte seinen Ärger immer in Sarkasmus verpacken.

Als er vor Jahren als emeritierter Professor der Jesuiten-Hochschule St. Georgen die Nachfolge seines nach Rom abgerufenen Lehrstuhl-Nachfolgers antrat, soll er, wieder aktiviert, die Antrittsvorlesung mit der Bemerkung eröffnet haben: »Vor Jahren ersetzten mich meine Ordensoberen aus Altersgründen durch einen Nachfolger. Diesem Mangel scheint inzwischen abgeholfen zu sein.«

Doch wieder ins Zimmer: Populorum progressio sei eine bedeutende Sozialenzyklika, doch leider verwechsle Paul VI. Prinzipien und Politik, denn er trage die prinzipielle Forderung nach weltweiter Gerechtigkeit mit der gleichen Verbindlichkeit vor wie den politischen Vorschlag eines Entwicklungsfonds.

»Ja«, sagte er einmal in einem Interview, »leider meinen viele, weil sie kompetent in der Theologie sind, hätten sie Kompetenz, über alles, was es im Himmel und auf Erden gibt, sich sachverständig zu äußern.«

Ich frage ihn an diesem trüben späten Nachmittag, was wohl die schlechteste Sozialenzyklika sei. »Mater et magistra«, sagt er spontan, sieht mein Erschrecken und fügt wie zur Beruhigung hinzu: »Aber sie hat unendlich viel Gutes bewirkt, und darüber kann man sich nur freuen.« Ja, der Pater und der Magister stritten sich manchmal in ihm.

Er war ein großer Kämpfer. Ich war stolz auf ihn, wenn er mit bohrenden Fragen und beißenden Attacken die Front der Mitbestimmungsgegner zerschoß. Und ich bewunderte ihn abgrundtief, wenn er ungerührt die Welle der Aggression, die ihm aus dem Saal dann entgegenschlug, ablaufen ließ. Manchmal auch erinnerte er mich an Sokrates, der mit scheinbar harmlosen Fragen die intellektuelle Arroganz der Besserwisser dezimierte. Dann war ich stolz auf ihn, wie man auf einen Vater stolz sein kann, auf den Pater Oswald von Nell-Breuning S. J.

Er wollte das Unrecht wiedergutmachen, das die Kirche der Arbeiterschaft angetan hatte, sagte er als Resümee seines Lebens an seinem hundertsten Geburtstag und bat für sich um ein Gebet für eine selige Sterbestunde; fast kindlich neugierig fügte er hinzu: »... der ich mit großer Erwartung entgegensehe.« Jetzt weiß er mehr.

(Die Zeit, August 1991)

III.

»Maikäfer, flieg, deine Bezugsperson ist im Krieg«

– Über die Familie –

Im Oktober 1981 erregen die CDU-Sozialausschüsse mit ihrem Bekenntnis zur neuen Mütterlichkeit Aufsehen und Widerspruch. Die Rede des Programm-Machers Norbert Blüm dazu ist Verteidigung – und Angriff.

Die sanfte Macht der Familie

Die familienpolitischen Leitsätze der Sozialausschüsse sind keine Fotografie der Wirklichkeit, sondern eher ein Bild unserer Wünsche.
Ich habe mich immer gewundert, wieso viele, die sich Materialisten nennen, mit großen Ideen Politik machen, und manche, die sich einer idealistischen Weltanschauung zurechnen, platten Materialismus predigen.
Mit diesem Papier bekennen sich die Sozialausschüsse zu einer familienpolitischen Idee, von der sie allerdings glauben, daß sie der Natur des Menschen entspricht. Das ist also ein Idealismus mit Boden unter den Füßen.
Zu einem familienpolitischen Pessimismus besteht kein Anlaß. Die Suche nach einer neuen Geborgenheit im Angesicht der unerfüllten Versprechungen technokratischer Großorganisationen könnte in der Familie ihr Ziel finden und den Anstoß für einen neue Aufschwung der Familie geben. Größe hängt der nachwachsenden Generation zum Hals heraus. Sie sucht die Geborgenheit der kleinen Gemeinschaft. Für Kollektivisten, Technokraten und Nivellierer blüht kein Weizen. So könnte die Bedrohung durch Bürokratisierung und Anonymität umschlagen in neue Hoffnungen, die sich mit der Familie verknüpfen.
Mit hängender Zunge hetzen hinter dem Zug, der von der Familie wegführt, die Modernitätsverspäteten her. Sie erreichen bestenfalls den letzten Wagen und merken nicht, daß

er schon gar keine Lokomotive mehr hat. Es ist nicht alles modern, was schick ist. Familie ist nicht Rückschritt und Mütterlichkeit nicht reaktionär.
Ich sehe Chancen, die mit Gefahren zu kämpfen haben.

Ergänzungsbedürftigkeit oder Austauschbarkeit

»So schuf Gott den Menschen nach seinem Abbild. Nach Gottes Bild erschuf er sie als Mann und Frau«, so steht es in der Bibel. Im biblischen Bericht von der Schöpfung mag vieles in mythischen Bildern ausgedrückt sein. Aber in der Nachricht vom Menschen als Mann und Frau ist vielleicht doch der Hinweis auf eine Menschheit enthalten, in der nicht alle Unterschiede zufällig oder gemacht, sondern vom Schöpfer gewollt sind.
Die Lehre von den Unterschieden ist gefährdet, denn sie kann mißbraucht werden. Hinter den gottgewollten Unterschieden haben sich allzuoft handfeste menschliche Interessen versteckt. »Gottgewollt« wurde gesagt, und gemeint waren die eigenen, oft eigensüchtigen Wünsche.
Aber auch der Mißbrauch enthebt uns nicht von der Suche nach dem rechten Gebrauch. Obwohl die Luft schmutzig ist, können wir nicht auf das Atmen verzichten, und weil im Rhein Menschen ertrunken sind, dürfen wir nicht das Wasser verbieten. Neben den unberechtigten Unterschieden gibt es Unterschiede, die zu Recht und von Natur bestehen. Von den Unterschieden, die zu Unrecht bestehen und nichts anderes sind als Diskriminierung der Frauen, will ich zuerst reden. Diese Unterschiede wollen wir bekämpfen.
Keine Frau soll weniger verdienen, nur weil sie eine Frau ist. Rund 180,00 Mark verdient die Arbeiterin im Durchschnitt weniger in der Woche als der Arbeiter und rund 1200,00 Mark im Monat weniger die weibliche Angestellte als ihr

männlicher Kollege. Die Gleichberechtigung ist noch immer nicht in der Werkstatt und im Büro angekommen.
Deshalb begrüßen die Sozialausschüsse das Urteil im Heinze-Prozeß, in dem sich Kolleginnen den gleichen Lohn für gleiche Arbeit erstritten haben. Dieser Kampf gegen Lohnbenachteiligung unserer Kolleginnen muß von den Männern mitgeführt werden.
Keine Frau soll weniger Bildung erhalten, nur weil sie eine Frau ist. Zwei Drittel aller Jugendlichen ohne Ausbildungsvertrag sind Mädchen. Sieben Prozent der Jungen, aber 30 Prozent der Mädchen haben nur eine verkürzte berufliche Ausbildung von zwei Jahren. 40 Prozent der Mädchen verteilen sich auf vier Berufe: Verkäuferin, Friseuse, Arzt- und Zahnarzthelferin.
Nirgendwo steht geschrieben, daß vor allem nur Männer Vorgesetzte sein sollen. (Nach Untersuchungen des Statistischen Bundesamtes sind in den höheren Angestelltengruppen nur sieben Prozent Frauen.)
Nirgendwo steht geschrieben, daß vor allem Männer Politik machen sollen. Auch in den Sozialausschüssen sind die Frauen unterrepräsentiert. Die Zusammensetzung unserer Delegierten offenbart es. Dennoch, wir stehen fast doppelt so gut da wie der DGB. 13,3 Prozent der CDA-Delegierten sind Frauen. Beim letzten DGB-Kongreß waren es nur 7,6 Prozent (CDU 11,2 Prozent).
Wir sind gegen jede Diskriminierung. Und deshalb auch gegen diese Diskriminierung der Frauen:
* Lohnbenachteiligung
* Bildungsbenachteiligung
* Führungsbenachteiligung
* Politikbenachteiligung

Aber nicht jeder Unterschied ist eine Benachteiligung. Und Mütterlichkeit ist keine Diskriminierung.

Daß der Mann nicht Mutter werden kann und die Frau nicht Vater, ist ein Unterschied, der nicht zufällig, sondern natürlich ist. Und keine Emanzipation der Welt hat es bisher geschafft, Vater und Mutter zu vertauschen. Obwohl schon versucht wird, die Eltern überflüssig zu machen.

Die künstliche Befruchtung ist nur das Vorspiel für den Kunstmenschen ohne Vater und Mutter. Eine Koalition zwischen Emanzen und Biochemikern könnte uns schon bald den Menschen ohne Mutter bescheren.

Niederberg, ein führender Zellbiologe, schlägt vor, einen ausgewählten Gentyp zu kopieren, »statt die Risiken der Fortpflanzung einzugehen«, und der Nobelpreisträger Tatun empfahl, eine Kultur von Embryos anzulegen, deren physische und geistige Eigenschaften im voraus durch Genchirurgie bestimmt worden seinen.

Wer den Unterschied zwischen Vater und Mutter für belanglos erklärt, arbeitet der Verkünstlichung des Menschen in die Hand.

Daß die Mutter das Kind entbindet und nicht der Vater, ist mehr als eine Augenblicksdifferenz. Neun Monate im Mutterleib sind Teil einer Lebensgeschichte der Menschen. Niemand, noch nicht einmal die Ideologen, können diesen Abschnitt des Lebens auslöschen.

Mutter und Vater sind wichtig. Aber in den ersten Lebensjahren ist offensichtlich die Mutter wichtiger.

Und diesen Vorsprung hat keine Männerherrschaft den Frauen nehmen können. Und was kein Patriarch geschafft hat, auf das sollten die Frauen nicht freiwillig verzichten wollen.

Die Reduzierung von Mutter und Vater auf Bezugspersonen

und Rollen, so als seien sie verwechselbar, ist Verlust und nicht Bereicherung an Menschlichkeit.
Wir wollen mehr Wahlfreiheit in der Aufgabenverteilung zwischen Mann und Frau. Aber die Wahlfreiheit hat ihre Grenzen in natürlichen Unterschieden. Männer können nicht Mutter werden!
(Rede 19. Bundestagung der CDA, 19. Oktober 1981)

Programme brauchen Strategie. Schon eineinhalb Jahre vor der Bundestagung der CDU-Sozialausschüsse über die »Sanfte Macht der Familie« schreibt Norbert Blüm diesen Aufsatz.

Wenn Eltern zu bloßen Bezugspersonen werden

Was für das Tier die Instinkte, das sind für den Menschen die Institutionen. Sie sind Entlastungseinrichtungen. Wo kämen wir hin, wenn wir etwa jeden Morgen neu bestimmen müßten, wer denn »die« Frau und »der« Mann fürs Leben sei: Die Institution Ehe hat uns den Zwang zur permanenten Entscheidung abgenommen. Ohne Regeln wäre das Leben Chaos.

Die Idee der bedingungslosen Freiheit funktioniert schon nicht mehr im Straßenverkehr; selbst wenn wir ihn in pausenloser Übereinkunft regeln wollten, würde er zusammenbrechen. Ob rechts oder links überholt wird, kann nicht von Fall zu Fall ausgemacht werden. Ungefragte Konvention ist der Ersatz für permanenten Konsens.

Selbst das von Sigmund Freud postulierte Lustprinzip kann seine Kraft nur unter der Bedingung des »Todestriebes« entfalten; erst aus der Spannung zwischen den beiden Prinzipien erwächst menschliche Kultur. Man könnte aus der Freudschen Trieblehre auch eine Analogie zum Verhältnis Freiheit – Bindung herstellen. Als Kirke den scheidenden Odysseus zum Bleiben verführen wollte, versprach sie ihm ewiges Leben als Preis für seine Liebe. Odysseus aber entschied sich am Ende für Weiterfahrt und damit für Tod. Das Leben ohne Tod, so lehrte ihn die Mutter aus dem Hades, verflache zu konturloser Einförmigkeit; die Einmaligkeit des menschlichen Schicksals verliere unter dem Zwang ewiger Dauer und prinzipieller Wiederholbarkeit aller Handlungen ihre Identität. Auch in den Bildern des Mythos erweist sich also schon früh Beschränkung als wahre Kontur der Freiheit.

Der Mensch ist »das freigelassene Tier«, wie ihn Nietzsche nannte. Der Mensch ist das Wesen, das zu früh von der Natur im Stich gelassen wurde. Als biologische Frühgeburt ist er mehr als alle anderen Lebewesen auf den Ersatz der Natur durch die Künstlichkeit der Kultur angewiesen. Sein erstes Lebensjahr ist ein »extra-uterines Frühjahr« (Adolf Portmann). Ausgesetzt aus einer vorgeburtlichen Geborgenheit in die Welt, ist für ihn die Familie nicht nur Schutz, sondern elementarer Bildungsfaktor. Die Familie ersetzt den Mutterleib und macht das Nest, das den Menschen schützt, zum Kulturprodukt. Die Familie ist die erste Institution des menschlichen Zusammenlebens.

Im Angriff auf die Familie vollzieht sich ein Stück Rebarbarisierung. Die neuen Hunnen kommen nicht auf Pferden und mit Kampfgeschrei daher. Auf den Schleichwegen eines Fortschritts, der sich als Emanzipation verkleidet, unterminieren sie die Familie. Dabei muß nicht immer gleich die Familie als überholte oder vernachlässigte Einrichtung attackiert werden, wie es von den Jungdemokraten versucht wird. (»Ehe und Familie bilden in unserer Gesellschaft sprichwörtlich einen Rahmen für Unfreiheit, Unterdrückung und Unzufriedenheit.« Deutsche Jungdemokraten, Landesverband NRW, 1980.) Zur Unterminierung der Familie genügt schon, ihre auf Lebensdauer angelegte Bindung in Frage zu stellen oder eine Ehegesetzgebung zu akzeptieren, die unter dem Stichwort »Zerrüttung« eine Zeitautomatik in Gang setzt, gegen welche der Partner, der an der Ehe festhalten will, machtlos ist. Die Eliminierung der Schuldfrage erweist sich in vielen Fällen als Entzug des Schutzes für den Schwächeren und der Versorgungsausgleich in manchen Fällen als die Weglaufprämie bzw. der Finderlohn für den neuen Partner.

Die Terminologie von der »Fremdbestimmung« und den »Gewaltverhältnissen«, die kontrolliert und abgebaut werden müßten, markiert, auf die Familie bezogen, die Unfähigkeit, zwischen der Intimität des Privaten und der Öffentlichkeit der Gesellschaft zu unterscheiden. Man ignoriert, daß die Trennung des Privaten vom Öffentlichen ein wichtiger Modus der Freiheit ist. Im Wechsel zwischen privaten und öffentlichen Lebenssektoren und Ansprüchen entzieht sich das Individuum der totalitären Verfügung. So, wie der mittelalterliche Dualismus zwischen Kaiser und Papst Freiheit ermöglichte, indem er Rückzug unter das Schwert des Kaisers und Schutz vor dem Zugriff des Papstes gewährte, so liegt in der Trennung von Privatheit und Öffentlichkeit eine Kompetenzaufteilung, welche die Überwältigung des Menschen durch totalitäre Zuständigkeit verhindern hilft.
Die Familie wird nach anderen Regeln zusammengehalten, als der Staat regiert wird. Familiäre Partnerschaft ist nicht mit den Kategorien der Herrschaft beschreibbar, und es verwundert, daß immer wieder ausgerechnet Anhänger einer »herrschaftsfreien Gesellschaft« die Familie mit den Waffen des Klassenkampfes reparieren wollen. Der Teufel läßt sich nicht mit Beelzebub austreiben und die familiäre Gemeinschaft nicht mit Mitteln herstellen, die ihre Ziele dementieren. Das Verhältnis von Eltern und Kindern hat keine Verwandtschaft mit den Beziehungen zwischen Tarifpartnern.
Die Stabilität der Familie wird jedoch nicht nur von außen bedrängt, die Bedrohung wächst auch von innen. Wer die Rollen von Mann und Frau nivelliert und sie für austauschbar erklärt, nimmt den familiären Binnenverhältnissen die Kontur und damit die Haltbarkeit. Manches, was sich im Laufe der Geschichte an Unterschieden zwischen Mann und Frau festgesetzt hat, ist willkürlich und könnte auch anders geregelt werden, und in vielen dieser »gewordenen« Ver-

hältnisse wird tatsächlich die Frau diskriminiert. Wer aber daraus den Schluß zieht, jedwede Differenz zwischen Mann und Frau sei nur ein Vorwand der Unterdrückung, und Befreiung liege erst in der Einebnung aller Unterschiede, der verkennt, daß der Mensch nun einmal als Mann und Frau erschaffen wurde.

Wir können sogar noch weiter gehen und konstatieren, daß ein Teil der Gleichberechtigungsforderungen nichts anderes als die Vergewaltigung im Visier hat. Der Aufbruch der Emanzipation hat ja zunächst einmal überall die Vermännlichung befördert. »Den Männern nicht mehr Nachstehen ist die große Errungenschaft, der dafür gezahlte Preis aber ist eine neue und radikale Variante von Unterdrückung, nämlich der auferlegte Verzicht, die Welt weiblich zu sehen und das Zusammenleben nach weiblichen Kriterien zu gestalten« (Horst Eberhard Richter). Ob mit der Befreiung von der Geschlechtlichkeit des Menschen nicht auch Verlust der Menschlichkeit einhergeht? Die Antwort auf diese Frage wird über die Zukunft einer emanzipatorischen Humanität mit entscheiden.

Die »klassenlose Gesellschaft der Zukunft entspricht der geschlechtslosen Zukunft unserer Spezies« (Ernest Borneman). Was für den einen offenbar Wunsch, ist für den anderen Angsttraum, und die Erwartungen und Befürchtungen lassen sich nicht einfach auf das gängige Rechts/Links-Schema bringen. Daß »die Weiblichkeit auch ein Element einer neuen Befreiung der Gesellschaft erhält«, hat kein anderer als Herbert Marcuse immer wieder betont und im Gespräch mit Vertretern einer egalisierenden Emanzipation festgestellt: »Emanzipation der Frau ist nicht bloß im Sinne von Gleichberechtigung zu verstehen, sondern vorab als Durchsetzung von neuen Werten, von anderen Bedürfnissen, die der Mann in den gegebenen Produktionsverhältnissen als Mann nicht befriedigen konnte, nicht befriedigen durfte.«

Der Uraltsozialismus eines August Bebel sah die Lösung der »Frauenfrage« allein in der »uneingeschränkten Einbeziehung der Frau in die öffentliche Industrie«, und auf diesen ausgefahrenen Gleisen bewegt sich auch heute noch ein gut Teil der Gleichberechtigungsdiskussion. Es ist schon fast rührend, wie jene, die unentwegt gegen die Härte der Leistungsgesellschaft zu Felde ziehen, offenbar nicht ruhen und rasten, bis auch die letzte Hausfrau in den »Genuß« der Erwerbszwänge gekommen ist. Während das Erwerbsvolumen in den entwickelten Industriegesellschaften offensichtlich zurückgeht, veranstalten die Sozialisten eine Emanzipationsprozession, die dieser Entwicklung gerade entgegenläuft. Diese Überschätzung der Erwerbsarbeit hat ihren Grund in der marxistischen Anthropologie, nach welcher der Mensch nur durch Arbeit Mensch wird. Nach christlicher Lehre »ist« der Mensch stets schon, bevor er etwas wird oder bewirkt.

Unter den jetzigen Gegebenheiten unseres Steuer- und Sozialsystems ist Kinderreichtum eine wirtschaftliche Dummheit. Die kinderreiche Familie finanziert überproportional das Leistungssystem und partizipiert unterproportional. Die familienfeindliche Politik arbeitet mit Doppelstrafe: Erstens werden die kinderreichen Eltern durch ihren ständig nachhinkenden Lebensstandard bestraft, und zweitens müssen die Kinder als Erwachsene die Lasten ihrer nicht geborenen Zeitgenossen mittragen. Die Versorgung der alten Generation geschieht nämlich immer über das aktuelle Sozialprodukt.

Der rechnerische Aspekt der Familienpolitik sollte allerdings nicht so weit getrieben werden, daß schließlich noch die Geburt eines Kindes zum »Schadenersatzfall« wird. Der Bundesgerichtshof entschied jüngst, daß die Eltern eines Kindes, das infolge einer mißglückten Sterilisation gezeugt wurde, vom Krankenhausträger Unterhaltsgeld und die

Mutter dazu noch Schmerzensgeld verlangen können. Die hier sichtbar werdende totale Reduzierung des Kindes auf den Kostenfaktor läßt die Liebe verschwinden. Denn Liebe ist nicht berechenbar.
Die Aggressoren der Gleichmacherei erreichen indessen mit ihren Spähtrupps schon den biologischen Bereich, wo sie mitunter zu grotesken Erscheinungen führen. Ein amerikanischer Arzt etwa konnte den Wunsch des Ehemannes erfüllen, der sein Baby selbst stillen wollte: Der New Yorker Psychiater Leo Wollmann (65), der auch Facharzt für Gynäkologie ist, ließ einem werdenden Vater, wie die Presse berichtete, durch Hormontherapie und Akupunkturbehandlung »Brüste« wachsen. Wollmann, der in Brooklyn tätig ist, berichtet, sein Patient habe das Kind »abwechselnd mit der Mutter acht Monate lang gestillt.« Ob in einer Zeit, in der die Technokraten die pure Austauschbarkeit von allem und jedem bewerkstelligen, Kinder sich noch wohl fühlen werden? Was wäre uns seinerzeit passiert, wenn die Mutter am Kinderbett nicht gesungen hätte: »Maikäfer, flieg, dein Vater ist im Krieg«, sondern »Maikäfer, flieg, deine Bezugsperson ist im Krieg?« Und wenn sie noch weiter gesungen hätte: »Die andere Bezugsperson ist im Pommernland«, dann hätte das Kind auch nicht mehr gewußt, ob jetzt die Mutter oder der Vater im Pommernland ist. In der kalten Sprache der Soziologie wird eine Präzision vorgetäuscht, die bei näherem Zusehen sich als Verlust an Lebensnähe erweist. Die Sprache ist verräterisch: Sie degeneriert den Menschen zum Anteil im Stabilbaukasten der »neuen Gesellschaft«.
Die Gleichberechtigung, verkürzt auf Gleichmacherei, bietet offenbar nur die Alternative zwischen Vermännlichung oder Verweiblichung der Welt an. Nach dem Muster der unter Prestigezwängen stehenden Angleichungen endet dieser Vorgang meist in der Übernahme des Verhaltens der Privilegierten durch die Unterprivilegierten. So gleichen sich die

Frauen den Männern an und verdecken diese neue Form der Unterwerfung, die sie sich selber nicht eingestehen, durch Kampfgeschrei.

Leidtragende dieser Art Emanzipation sind nicht nur die Frauen selbst, sondern vor allem auch die Kinder. Rollenunsicherheiten von Vater und Mutter finden ihre Fortsetzung stets in Verhaltensunsicherheiten der Kinder.

(Die Welt, Mai 1980)

Enttabuisierung war ein Zauberbegriff der Aufklärung. Aber wo ist ein Halten? Norbert Blüm plädiert für eine Rückkehr zum Tabu.

Wir müssen den Menschen vor sich selbst retten

Moral ist nicht ein schöner Luxus für gehobene Bedürfnisse. Sie ist Sicherung der Humanität in einer Zeit, in der der Mensch mit sich so gut wie alles anstellen kann.

Wenn wir die Frage erlauben »Wann ist der Mensch schon Mensch?«, dann können wir die Frage nicht mehr abschneiden: »Wann ist er noch Mensch?«

Wer ihn am Anfang zur Disposition stellt, wird auch das Ende der Willkür anheimgeben.

Wir sind in der Lage, den Menschen von der Natur absolut abzunabeln, zu verkünstlichen. Wir haben den Vater schon anonymisiert. Wir können den Menschen programmieren und als Kunstprodukt produzieren.

Wollen wir eine solche Zukunft? Ich glaube, wir können uns diesen Gefahren nur durch eine Rückkehr zu einem alten, fast magischen Begriff entziehen, zu dem des Tabus. Wir müssen das Leben »tabuisieren«.

Es muß der Verfügbarkeit des Menschen, auch seinem wissenschaftlichen Forschungstrieb und seinen Manipulationsbedürfnissen entzogen werden.

Wir müssen den Menschen vor sich selbst retten.

Daß der Mensch Verantwortung vor Gott hat, daß er Rechenschaft über sein Leben ablegen muß, ist, so denke ich, keine reine Erbaulichkeit, sondern ist die Sicherung seiner Selbständigkeit, ihn aus den Klauen der Manipulateure zu befreien. Laßt uns über alle Unterschiede festhalten, daß wir

in dieser Grundposition in der Christlich Demokratischen Union restlos übereinstimmen.
Und jetzt wenden wir uns zum Schutz des ungeborenen Kindes der Frage zu: Welcher Weg? Ich bekenne, daß ich zu denen gehört habe, die im Deutschen Bundestag seinerzeit dafür plädiert haben, nur die medizinische Indikation der Straffreiheit anheimzugeben. An meiner Grundposition hat sich überhaupt nichts verändert. Nur, wenn sich Recht und Bewußtsein auseinanderentwickeln, wenn eine große Kluft entsteht, frage ich mich: Wie überbrücke ich diese Kluft? Wenn die Kluft so ist – und die Zahlen der Abtreibungen beweisen es –, daß zwischen Recht und Bewußtsein eine Kluft ist, dann überbrücken wir, so fürchte ich, die Kluft nicht durch Verschärfung des Strafrechts; sie wird nur größer. Deshalb setze ich beim Bewußtsein an.
Es gab in der christlichen Soziallehre einen alten Kampf, ganz dogmatisch geführt, was wichtiger sei: Gesinnungsreform oder Zuständereform. Ich glaube, daß man diesen Streit nicht dogmatisch entscheiden kann. Aber in der Situation, in der wir sind, in der die Sensibilität im Vergleich zu anderen Zeiten abgenommen hat, kommt es auf eine große Sympathiewerbung, eine Rückbesinnung auf das Leben an. Und den, der sich für Verschärfung des Strafrechts ausspricht, bitte ich, nicht mißzuverstehen, wenn ich sage, daß er den bequemeren Weg gewählt hat. Wer aber für das Bewußtsein und seinen Wandel eintritt, muß alles tun, damit das Bewußtsein in dieser Gesellschaft verändert wird. Die CDU muß für diese Position auf die Straße gehen, sie muß dafür werben und bekennen. Das ist nicht im stillen Kämmerlein zu machen.
Ich ziehe mich auch auf die alte Moralposition der christlichen Soziallehre zurück, daß nicht alles, was sittlich gewollt ist, rechtlich sanktioniert werden muß. Deshalb: Hinsichtlich des sittlichen Sollens habe ich gegenüber früheren Zei-

ten überhaupt keine Korrektur vorzunehmen. Ich denke nur: Zur Glaubwürdigkeit gehört auch, daß wir uns selber prüfen, zu welchen Opfern wir bereit sind, um diese Position glaubwürdig darstellen zu können.

Wir können nicht mit zweierlei Strafen arbeiten: die Mutter, die ihr Kind abtreibt, durch Gesetz bestrafen, und die Mutter verachten, die es austrägt. Beides geht nicht. Dann muß diese Gesellschaft bereit sein, auch der unehelichen Mutter ihren Platz zu lassen, sie nicht zu diskriminieren, ihr zu helfen. Das gehört zur Glaubwürdigkeit dieser Position.

Und damit wir den anderen Teil nicht vergessen: Der Begriff »unehelicher Vater« ist so gut wie unbekannt. Wieso eigentlich?

Wieso hat die Gesellschaft hier zwei Platzkarten verteilt? Der Vater ist in dieser Frage moralisch genauso gefordert wie die Mutter.

Es läßt sich hier sehr leicht bekenntnishaft darüber reden. Praktiziere es jeder in seiner Nachbarschaft, in seiner Familie! Es ist leichter, hier darüber zu reden, als Vater und Mutter der eigenen Tochter und dem Sohn treu zu bleiben, wenn sie in Schwierigkeiten gekommen sind, und ihnen nicht die falschen Ratschläge zu geben. Die Position, die wir hier vertreten, kann nicht der bequeme Ausweg des Verdrängens sein.

Lassen Sie mich das noch hinzufügen: Die Diskussion, ob es moralischer sei, Abtreibungen durch die Krankenversicherungen oder durch das Finanzamt bezahlen zu lassen, habe ich nie verstanden. Ich halte es für eine Verdrängungsdiskussion.

Der Beitrag zur Krankenversicherung ist nicht moralischer als die Pflicht des Steuerzahlers. An dieser Stelle wird die Frage nicht entschieden. Das ist eher eine Ablenkung von den eigentlichen Fragen, um die wir uns kümmern müssen.

Und ich will die Diskussion auch von dem Verdacht befreien, sie nehme Rücksicht auf die Koalition. Ich würde diese

Position, die ich hier einnehme, genauso einnehmen, wenn wir die absolute Mehrheit hätten. Das hat doch nichts mit Meinungsbefragung, mit Koalition zu tun.
Ich glaube, in der Situation, in der wir sind, geht es um eine neue Sympathiewerbung mit viel Liebe und Verständnis für die, die in Not sind.
Es geht um eine neue Bewegung für die Schwachen: Das ist christlich! Und die Schwächsten ohne Stimme sind die Ungeborenen. Wer das ungeborene behinderte Kind zur Disposition stellt, der entzieht auch dem behindert Geborenen Schutz. Insofern darf es hier keine Einteilung geben: Jeder Mensch ist Gottes Kind, ob behindert oder nicht behindert, ob schwarz, ob weiß, ob intelligent oder nicht intelligent. An solchen Fragen muß die CDU ihre Grundsatzposition beweisen. Auch wenn wir hier gegen den Wind, gegen den Sturm rudern müssen, hier müssen wir diese Position gemeinsam vertreten. Demgegenüber reduzieren sich die Fragen, auf welchem Wege wir diese Position konkretisieren, auf nachgeordnete Fragen.
Wer Sympathie für Leben und Liebe hat, der kann das nicht fanatisch vortragen. Und manchmal habe ich beim Austragen solcher Konflikte weniger Gefühle des Mitleids und mehr den harten Willen zur Verurteilung gespürt. Entziehen wir uns dieser Art von Diskussion! Bleiben wir als christliche Demokraten die großen Sympathisanten der Schwachen! Und die Schwächsten sind die Ungeborenen.
(Rede CDU-Bundesparteitag Wiesbaden, 14. Juni 1988)

IV.

»Drei Welten. In einem Land. An einem Tag.«

– Über Deutschland in Europa –

Die Mauer ist auf. Die Deutschen in Ost und West können wieder zueinander. In dieser bewegten Zeit hält Norbert Blüm in der Weimarer Herderkirche eine bewegende Ansprache.

Gott segne unser einig Vaterland

Nun ist groß Fried ohn' Unterlaß, all Fehd' hat nun ein End. Das haben wir gemeinsam gesungen. Wir wollen es nicht nur gemeinsam singen, wir wollen es auch leben, ein Friede ohne Unterlaß, keine Fehde.

Wir sind von Deutschland nach Deutschland gekommen, nach Weimar mitten in Deutschland. Die Stadt unserer gemeinsamen Kultur, die Stadt unserer gemeinsamen Geschichte, auch unserer Verfassungsgeschichte.

Gemeinsame Vergangenheit, wir wollen auch eine gemeinsame Zukunft in Deutschland. Wir sind gekommen, Ihnen unseren großen Respekt, ja unsere große Bewunderung zu sagen für Ihren Kampf für Freiheit, für Ihren Kampf für Einheit. Wir in der Bundesrepublik können viel von Ihnen lernen. Wir können von Ihnen lernen die Wahrheit der biblischen Botschaft »Der Mensch lebt nicht vom Brot allein«. Wir können von Ihnen lernen, daß Freiheit das wichtigste Lebensmittel der Menschen ist.

Deshalb sagen wir Ihnen Dank und unseren Respekt. Die Geschichte bewegt sich immer in Sprüngen voran, sie hat nicht das Gleichmaß eines Flußlaufes. Und offenbar springt die Geschichte wieder einmal, und wir sind dabei. Sind wir nur Zuschauer, oder sind nicht Christen zur Solidarität, zum Mittun verpflichtet?

Was können Christen beitragen zur Ordnung der Welt? Die Evangelische Sozialethik, die Katholische Soziallehre, ich finde, das Wichtigste ist unser Einsatz, unser Kampf für die

Würde des Menschen, nicht des Kollektivs, sondern jedes einzelnen.

Auch in Athen, im klassischen Altertum, war die Menschenwürde bekannt. Die Christen sind nicht die Erfinder dieser Idee. Im alten Rom war sie bekannt. Was Christen einbringen, ist nicht die Würde weniger, das war sie in Rom und Athen, ist nicht die Würde in einer Klassengesellschaft, sondern jedes einzelnen.

Ohne Rücksicht, ob reich oder arm, dumm oder gescheit, Mann oder Frau, schwarz oder weiß, jeder hat von Gott eine unverzichtbare Würde. Und kein Staat, kein Mächtiger der Welt, hat dem Menschen seine Würde zugeteilt. Sie ist ihm von Gott gegeben. Das, finde ich, ist eigentlich das wichtigste politische Mitbringsel der Christen.

Karl Marx sagt, der Mensch ist die letzte Wirklichkeit für den Menschen, ist Schöpfer seiner selbst. Das ist er nicht, weil er sonst ausgeliefert wäre sich selbst. Seine Würde ist ihm von Gott gegeben. Und deshalb müssen Christen immer schreien, mitschreien, wenn Menschen unterdrückt werden, ganz egal wo auf der Welt, ob in Chile, Südafrika, in der DDR. Wo immer Menschen unterdrückt werden, müssen Christen auf der Seite der Unterdrückten stehen.

Freiheit auch von der Welt: Hier stehe ich, Gott helfe mir, Amen. Das war nicht ein trotziges Bekenntnis Luthers, sondern das Wissen um Gottes Geborgenheit, um Unabhängigkeit von allen weltlichen Mächten, frei sein von Menschenfurcht, frei sein von Resignation, frei sein von Mutlosigkeit. Freiheit für jeden einzelnen, weil er über sein Leben vor Gott Rechenschaft ablegen soll. Nicht ein Leben vom Staat zugeteilt, nicht ein Leben, hinter dem er sich verstecken könnte, Freiheit ist an Verantwortung gekoppelt.

Freiheit ist immer in Gefahr, unterdrückt zu werden, von Macht und Herrschaft niedergewalzt zu werden. Aber wir leben in einer Welt, die nicht ohne Herrschaft existieren

kann. Sie ist der Preis der Sünde. Wie bändigen wir Macht so, daß sie uns nicht gefährlich werden kann?
Macht, in wessen Händen sie sich auch immer befindet, auch in unseren eigenen, ist immer des Mißbrauchs fähig. Insofern geht die christliche Skepsis gegen Macht weiter als alle innerweltlichen Einsichten.
Es gibt nicht die Herrschaft der guten Menschen, weil kein Mensch so gut ist, daß seine Macht nicht kontrolliert werden müßte. Aus dieser Einsicht treten die Christen für das machtverteilende Prinzip ein. Machtverteilung ist eine christliche Botschaft.
Wir haben nach vielen Leiden und Erfahrungen als eine der großen machtverteilenden Ordnungen die Demokratie. Sie verteilt nur Herrschaft auf Zeit. Kein Mächtiger sitzt so fest im Sattel, daß er nicht fürchten müßte, auch abgewählt zu werden. Die christliche Einsicht: Macht nicht als Freifahrschein, Herrschaft auf Zeit, Gewaltenteilung, Parlament, Exekutive, Rechtsprechung und die öffentliche Meinung.
Ich finde, es gehört zu unserer großen Tradition in Deutschland, auch die Landschaften und Landsmannschaften als politische Ordnung zu begreifen. Föderalismus als eine Chance zur Machtverteilung.
Und ich bekenne, daß ich auch die Marktwirtschaft so sehe. Sie hat keinen biblischen Rang. Sie ist nicht Gottes Gebot. Sie ist unser Instrument, mit dem wir versuchen, mit der Macht fertig zu werden. Wenn Staat und Wirtschaft sich zusammenballen, dann ist Freiheit gefährdet, weil es keine Rückzugsmöglichkeit mehr gibt. Deshalb treten wir ein, nicht nur um des Wohlstands willen, sondern um der Freiheit willen, für eine staatsfreie Wirtschaft.
Die große Bedrohung ist der Leviathan, der den Menschen ihr Glück zuteilt. Ein jeder ist dafür selbst verantwortlich. Wir sind für Marktwirtschaft, eine Marktwirtschaft freilich,

in der der große Fisch nicht den kleinen Fisch frißt, eine geordnete, eine soziale.

Tarifautonomie, freie Gewerkschaften, freie Arbeitgeberverbände, und kein Staat der Welt sollte ihnen reinreden, Löhne und Arbeitsbedingungen frei zu vereinbaren. Das Streikrecht ist ein elementares demokratisches Recht.

Ich finde, einer der wichtigsten Beiträge der christlichen Soziallehre im 20. Jahrhundert ist das Subsidiaritätsprinzip, das Prinzip, die öffentlichen Gewalten zu ordnen, indem die kleine Gemeinschaft Vorfahrt hat. Der Staat ist nur der letzte Ersatzmann.

Erst kommt die Familie. Eltern und Kinder gehören zusammen. Die Kinder sind den Eltern nicht vom Staat ausgeliehen. Dann kommen die Gemeinde, das Land; eben Vorfahrt für die kleineren Gemeinschaften. In diesen großen Massenzivilisationen sichern Mitbestimmung und Mitbeteiligung der Bürger dieses Prinzip.

Was hat das Christentum beizutragen, die biblische Botschaft, unseren Alltag zu gestalten, nicht nur den Gottesdienst, sondern den Alltag, die Arbeit. Mache dir die Erde untertan, das ist der ursprüngliche Arbeitsauftrag, und er geht an jeden.

Kann jeder Arbeiter sich an seinem Arbeitsplatz als Teilhaber an der Schöpfung Gottes, als Koproduzent der Schöpfung erkennen? Ist das nicht ein kritischer Maßstab, der von keinem anderen, auch nicht von dem marxistischen, übertroffen wird?

Der Mensch als Teilhaber an der Schöpfung Gottes, Gott als der einzige Arbeitgeber, das ist der Grund für die Mitbestimmungsrechte der Arbeitnehmer.

Es ist christliche Einsicht, daß wir den Himmel nie auf Erden schaffen werden. Und alle Ideologien, die das versprochen haben, sie haben nicht den Himmel gebracht, sondern die Hölle. Christen wissen, alles, was wir tun, bleibt vorläu-

fig. Das setzt uns in die Lage, korrekturfähig zu sein, demütig zu sein, Politik unter Vorbehalt zu machen.
Es gibt keine absoluten Lösungen. Es wird ein ewiges Ringen sein, dem Ideal nahezukommen. Aber die Ideale gibt es, und Sie, meine lieben Landsleute in der DDR, Sie haben mit Ihrer Existenz, nicht mit Worten, Sie haben es mit Ihrem Leben bewiesen, daß die Ideale stärker sind als alle Macht.
Kein Panzer der Welt ist stärker als das Ideal der Freiheit. Kein Beton der Welt kann die Sehnsüchte der Menschen einsperren. Sie haben es bewiesen. Die Mauer, es wurde versprochen, noch 100 Jahre sollte sie stehen, noch keine 50 Tage hat sie mehr gestanden. Nicht Panzer haben sie überrollt, nicht Raketen, sondern die Idee der Freiheit. Und das haben Sie geleistet. Und deshalb uns Mut gemacht, daß die Freiheit die stärkste Realität ist.
Der Mensch ist, was er ist, ein platter Materialismus Feuerbachscher Natur. Karl Marx sagt, das Sein bestimmt das Bewußtsein und erklärt unsere Ideen zum Überbau.
Erst kommt das Fressen, dann die Moral, läßt Bert Brecht singen. Alles widerlegt in den letzten Monaten in Weimar, Leipzig, Dresden, Ost-Berlin. Und dafür wollen wir Ihnen Dank sagen.
Die christliche Botschaft sagt, die alles entscheidende Gerichtsfrage, die jeder gestellt bekommt, heißt: Was hast du dem geringsten meiner Brüder getan? Und diese Frage, der kann man nicht ausweichen unter Verweis auf hohes gesellschaftliches Ansehen, Mitglied in einer Partei, Ämter im Staat. Nackt und einsam muß die Frage beantwortet werden. Aber es ist nicht die Frage, was jeder aus seiner Seele gemacht hat, sondern was er für andere getan hat.
Wir wollen uns wechselseitig helfen, Sie uns, wir Ihnen. Mein Ratschlag, bleibt eurer Heimat treu, auch wenn es schwerfällt.

Wir wollen ein Deutschland, wo jeder dort zu Hause ist, wo er seine Heimat hat. Wir werden die Menschen aufnehmen, die zu uns kommen. Sie sind unsere Brüder und Schwestern. Aber die Chance der deutschen Einheit kann nicht in einer Entvölkerung der DDR bestehen. Dies ist kein Ratschlag ohne Folgen für uns. Wir sind zur Solidarität herausgefordert. Deshalb sind wir zu Ihnen gekommen, um diese Solidarität Ihnen zu versichern. Ihr seid nicht allein.
Deutschland, einig Vaterland, Einigkeit und Recht und Freiheit, Gott segne unser Vaterland.
(Ansprache in der Herderkirche Weimar, 21. Januar 1990)

Noch ist Deutschland nicht wiedervereint, und schon mischen sich Zweifel und Skrupel in die Freude der Freiheit. Welche Rolle wird ein vereinigtes, größeres Deutschland haben und spielen? Norbert Blüms Standortempfehlung: der Nationalstaat als Scharnier zwischen Globalisierung und Regionalisierung.

Heimatliebe und Weltverantwortung

Deutschland ist mehr als ein geographischer Begriff! Der Ruf »Deutschland, Deutschland« in Leipzig, Dresden, Erfurt und Berlin jedenfalls war kein in Quadratmetern zu messendes Verlangen. Er entsprach dem Gefühl der Zusammengehörigkeit, das in jahrzehntelanger Trennung nicht Schaden gelitten hat.

Die Identität der Deuschen ist offensichtlich mehr als ein Raumgefühl, denn der Boden, auf dem sie leben, ist mehrfach zerstückelt. Deutschland – was war und ist das eigentlich? Mehr ein Flickenteppich als ein wohlgeordnetes Planquadrat. Zur Nation bildete sich Deutschland erst spät, aber dennoch widerstand das Zusammengehörigkeitsgefühl der Deutschen allen Erschütterungen und Katastrophen dieses Jahrhunderts – die Ereignisse des Jahres 1989 beweisen es. Selbst die Jungen, die im geteilten Deutschland geboren, und selbst die, die in der DDR gegen die Einheit erzogen worden sind: Sie rufen nach dem »einigen Vaterland«.

Die Menschen, aus denen sich Deutschland zusammensetzt, bilden eher eine heterogene Bevölkerung als eine von einer dominierenden Erfahrung geprägte Schicksalsgemeinschaft – und dennoch der Wille zur Einheit.

Die Generationen, die hierzulande leben, bringen die unterschiedlichsten Erfahrungen aus diesem Jahrhundert in die Gemeinschaft des Volkes ein. Kaum ein Jahrhundert vorher hatte eine so schnelle Abfolge des historischen Szenenwechsels. Wer um 1900 geboren wurde, erlebte seine Kindheit noch in der Monarchie. 15 Jahre später fiel die Kindheit in den Ersten Weltkrieg und die Weimarer Republik, und wieder 15 Jahre später waren Diktatur und dann der Zweite Weltkrieg das Kindheitserlebnis; noch mal 15 Jahre später bot die Nachkriegszeit den Kindern Hunger und Wiederaufbau. Die Kinder des Jahrgangs 1960 waren bereits im Wirtschaftswunderland angekommen. Aber immer noch in der Nachkriegszeit. Jetzt endlich scheint sie zu Ende gegangen zu sein.

Quer zu diesen unterschiedlichen Generationserfahrungen liegt noch einmal die unterschiedliche Lebenslage eines gespaltenen Deutschlands, dessen Teilung nicht lediglich durch eine Mauer ausreichend beschrieben ist. Die beiden großen Kontrahenten des 20. Jahrhunderts haben sich in Deutschland niedergelassen: Deutschland einerseits unter kapitalistischen Bedingungen, Deutschland andererseits unter sozialistischen. Und dennoch – nach mehr als 40 Jahren Trennung verlangen die Deutschen, wieder vereint zu werden.

Was wollen die Deutschen? Erst Freiheit, dann Einheit oder erst Einheit und dann Freiheit? Die scholastische Diskussion mag Politologen interessieren. Die Volksseele kennt keine philosophischen Unterscheidungen zwischen Ursache und Wirkung und ihrer Relation. Die Bürger der DDR sind für Einheit, weil sie auf diesem Wege die sozialistische Unterdrückung abschütteln wollen. Und sie sind für Freiheit, weil sie sich auf diesem Wege wieder ohne Beschränkungen vereinigen können mit ihren Verwandten, Bekannten und Landsleuten im Westen. Freiheit oder Einheit, was soll zuerst sein? Die Frage läßt sich so wenig beantworten wie die Frage nach der Henne und dem Ei. Wir wollen Einheit, damit alle frei sein können, und wir wollen Freiheit, damit wir wieder vereint sein können.

Wollen die Deutschen wieder vereint werden – ja oder nein? Und hat der Sozialismus in Deutschland noch eine Zukunft? Das sind die Elementarfragen der Gegenwart. Endlich erhält politische Diskussion in der Bundesrepublik wieder eine existentielle Herausforderung und löst sich von den aufgeblasenen Querelen verwöhnter Wohlstandsbürger, unter denen die politische Auseinandersetzung hierzulande allzuoft gelitten hat. Der Staat ist mehr als das Notariat von Interessen: Diese Einsicht dämmert langsam wieder. Und gesellschaftliche Ordnungsfragen sind mehr als die Turnierspiele der Akademien.

Über die Gestalt des einigen Deutschland muß gestritten werden. Sie fällt nicht vom Himmel, sondern wird auch das Ergebnis einer intellektuellen und moralischen Umgestaltung sein.

Wir werden nicht den Faden dort einfach anknüpfen können, wo er durch die deutsche Teilung gerissen ist. Niemand steigt zweimal in denselben Fluß, das wußten schon die alten Griechen. Wiedervereinigung ist nicht einfach die Fortsetzung der Vergangenheit in der Zukunft. Beide Teile Deutschlands sind um Erfahrungen in der Zeit ihrer Trennung reicher geworden. Die Bürger in der DDR wissen womöglich Freiheit höher zu schätzen als die Wohlstandsbürger der Bundesrepublik. Sie wissen, was ihr Verlust für das alltägliche Leben bedeutet.

Auf der anderen Seite: Das große Verdienst der Adenauerschen Westintegration der Bundesrepublik lag in der Versöhnung unserer politischen Tradition mit den Errungenschaften der Aufklärung und des europäischen Rationalismus. Die »deutsche Seele« war über lange Zeit in Gefahr, einer diffusen Romantik und wabernden Phraseologie anheimzufallen, die sich politisch leicht mißbrauchen läßt.

Die Deutschen bringen in eine europäische Entwicklung nicht mehr jene Überheblichkeit ein, die als wilhelminische

Arroganz und faschistischer Imperialismus kaum noch zu übertreffen war. Es gilt nicht mehr: »Am deutschen Wesen soll die Welt genesen«, sondern der Wille, daß wir in das europäische Konzert eine eigene Stimme einbringen.

Unsere Mittlerposition könnte dabei, anders als zu Bismarcks Zeiten, nicht die nationalistische Machtbalance in Europa ansteuern, sondern eine neue Symphonie Europas wecken, in der sich Deutschland als Einheit in der Vielfalt neu entdeckt. Die Zeichen stehen nicht mehr auf autonome Kleinstaaterei. Viele Probleme können nur noch global gelöst werden. Auch Europa wird sein Gewicht in die Weltverantwortung einbringen müssen. Aber die Rückbindung an Heimat und Nation wird dennoch nicht überflüssig, weil offenbar die Erlebnisfähigkeit des Menschen nicht beliebig dehnbar ist und seine Identifizierungschance in konzentrischen Kreisen abnimmt.

So wird die Nation zum Scharnier zwischen zwei entgegengesetzten Trends: der Globalisierung und der Regionalisierung der Politik. Sie verhindert gleichsam einen politischen Horror vacui zwischen dem Zug ins Große und dem Rückzug ins Kleine. Zwischen Weltbürgertum und Provinz sucht der Nationalstaat seinen neuen Platz, beide Kräfte an sich bindend: Weltverantwortung und Heimatliebe. So könnte er eine Synthese schaffen, zu der es den Vorgängern nie reichte.

(Rheinischer Merkur, Februar 1990)

Staatenbund? Föderation? Das waren nach Öffnung der Mauer ernsthaft erwogene Modelle als Alternative zur Wiedervereinigung. Norbert Blüm hält dagegen: Freiheit und Einheit gehören zusammen.

Freiheit, um vereint zu sein

Es war vor dem Hotel, in dem wir wohnten, in der Nacht nach der Kundgebung, als einer der Volkspolizisten, die uns offenbar bewachten, zu mir sagte: „Wir haben euch BRD-Politiker immer für Unmenschen gehalten.« – »Ich euch auch«, antwortete ich. Alle im Kreis lachten, aber nur einen Augenblick, dann blieb uns – hüben wie drüben – das Lachen im Halse stecken, und alle waren plötzlich stumm, sahen verlegen zur Erde. Ich weiß nicht, was in jedem Kopf vor sich ging, aber irgendwie muß jeder gespürt haben, daß Trennung das Volk dumm und böse macht. Damit soll es jetzt vorbei sein.

Das Bild, als Helmut Kohl sprach, werde ich nicht so schnell vergessen. Ein Meer von Menschen und eine Woge der Sympathie, Tausende rufen – »Deutschland, Deutschland«. Das sind nicht die Gesichter von Rechtsradikalen oder Fanatikern. Junge und Alte, die lachten und weinten. Seit ich sie sah, weiß ich: Keine Macht der Welt wird die Deutschen auf ewig trennen können. Die Verbindung der Herzen ist eine stärkere Realität als die Mauer der Teilung. An ihr ist der Sozialismus gescheitert.

Die Rede, die Helmut Kohl hält, ist mit breitem Filzstift von ihm mit der Hand geschrieben. Kein Referent hat sie klug ausgedacht, kein Redenschreiber feinnervig stilisiert, sie ist keine von den schönen Reden, die hierzulande so bewundert werden. Sie ist eine starke Rede, sie ist mit politischem Herzblut geschrieben, und als Helmut Kohl am Schluß ruft:

»Gott schütze das deutsche Vaterland«, hat er Mühe, seine Rührung zu unterdrücken. Aber Politik mit Rührung ist menschlicher als mit eitlem Verstand kalt berechnete Taktik. Das bewies an diesem Abend in Dresden Helmut Kohl. Politische Verständigung findet in Bildern ihre ausdrucksfähige Verdichtung. Worte allein genügen nicht.

Das Brandenburger Tor ist wieder offen, das sagt mehr als tausend Worte. Ein Tor ohne Öffnung ist gegen seine Zweckbestimmung eingerichtet. Das versperrte Brandenburger Tor war der gestaltgewordene Widersinn der deutschen Teilung. Seine Öffnung ist ein Etappensieg im Kampf gegen politischen Irrsinn.

Freiheit und Einheit gehören zusammen. Die Menschen in der DDR wollen die Einheit, weil sie frei sein wollen. Sie wollen die Freiheit, um wieder vereint zu sein.

(General-Anzeiger Bonn, Dezember 1989)

50. Jahrestag des Kriegsausbruchs. Norbert Blüm war damals vier Jahre alt. Er erinnert sich schwach.

Der 1. September 1939

An den 1. September 1939 erinnere ich mich nicht genau: Ich war vier Jahre alt. Aber diffus ist mir in Erinnerung: Züge auf dem Bahnhof meiner Heimatstadt Rüsselsheim mit Waggons, vollgeladen mit Soldaten, die, von einer begeisterten Menge mit Essen und Trinken versorgt, offenbar enthusiastisch zu irgendwelchen Zielen losgeschickt wurden. Es war – wie ich später erfahren habe – das Ziel der Welteroberung: »Denn heute gehört uns Deutschland und morgen die ganze Welt.«
Aber dieselben Züge, sechs Jahre später, habe ich in Erinnerung. Vollgeladen wieder mit Soldaten in erbärmlichen Güterwagen. Aber keine Lieder mehr, keine Hurra-Schreie, sondern, in der Stille ihrer Haltezeiten auf eben dem gleichen Bahnhof, das Stöhnen von Verletzten und Kranken, stiere, ausgemergelte Blicke heimkehrender Kriegsgefangener.
Und wieder war ich auf dem Bahnsteig und wieder mit meiner Mutter, und diesmal mit der aussichtslosen Frage, ob die Heimkehrer etwas von Christian Blüm, meinem Vater, wüßten. Die Frage war so aussichtsreich wie die Suche nach einer Stecknadel im Heuhaufen. Vater war vermißt, und niemand wußte etwas von ihm. Aber da man von den Wundern erfahren hatte, daß auf diese Weise Nachrichten über Vermißte zustande kamen, haben wir das aussichtslose Unterfangen wochenlang geübt. Ohne Erfolg freilich. Gott sei Dank stand dann der Vater eines Nachts vor der Tür, aus der Gefangenschaft wie aus dem Nichts heimgekehrt. – So war das.
(BDH-Kurier, Dezember 1989)

Die Währungs-, Wirtschafts- und Sozialunion vom 1. Juli 1990 ist ein wichtiger Schritt zur Einheit. Norbert Blüm sieht keine Alternative zum solidarischen Miteinander, aber er warnt: Der Weg wird steinig.

Die Sozialunion – Antwort in historischer Stunde

Der Staatsvertrag über die Währungs-, Wirtschafts- und Sozialunion ist unsere Antwort in historischer Stunde. Er gibt unseren Landsleuten eine Gesellschaftsordnung an die Hand, mit der sie sich wie wir im Westen Wohlstand und soziale Sicherheit erarbeiten können.

Die sozialistische Planwirtschaft ist zusammengebrochen. Weltweit ist sie bankrott. Sie hat weder Wohlstand gebracht noch soziale Sicherheit, und sie hat die Arbeit um ihren Sinn und ihren Lohn gebracht.

Es sind keine anderen Menschen, die in Leipzig, Dresden, Halle oder Frankfurt an der Oder arbeiten als in Bochum, Stuttgart oder Frankfurt am Main. Wenn in der DDR Mangelwirtschaft, in der Bundesrepublik aber Wohlstandswirtschaft ist, dann kann es nicht an unterschiedlichen Menschen liegen, sondern an den Unterschieden der Systeme.

Die Einführung der sozialen Marktwirtschaft ist der Beginn der Besserung der Lebensverhältnisse in der DDR.

Initiative und Leistung

Aber die Besserung ist kein Wunder. Sie fällt nicht vom Himmel. Sie ist das Ergebnis einer bewußten und solidarischen Anstrengung. Der Weg aus der sozialistischen Planwirtschaft ist ein steiniger Weg. Aber er führt aufwärts.

Dieser Weg ist allerdings keine Rolltreppe. Es muß marschiert werden. Abschied von Mangel- und Planwirtschaft ist auch Abschied von der Betreuung und Allgegenwart des Staates, die nichts anderes waren als sozialistische Vormundschaft.
Gefragt sind jetzt Initiative und Leistung. Sonst gibt es weder Freiheit noch Solidarität. Wer für den schweren Weg zu schwach ist, weil er behindert, krank oder alt ist, dem muß geholfen werden. Aber wenn alle getragen werden wollen, kommt niemand voran. Es geht also nicht nur um Milliarden aus der Bundesrepublik, sondern um den Willen von Millionen unternehmensfroher und tüchtiger Bürger in Ost und West: Arbeitnehmer und Unternehmer.
Die Einführung der D-Mark war der erste Beitrag zur solidarischen Einheit aller Deutschen. Gute D-Mark trat an die Stelle der maroden Ost-Währung.

Rente – kräftiger Anstieg

An die Stelle der Almosen-Alterssicherung à la SED sind die Prinzipien unserer bewährten Rentenversicherung getreten. Die Rentner in der DDR sollen wie bei uns automatisch teilnehmen an der Wohlstandsentwicklung der Jüngeren. Denn: Die Renten sollen wie bei uns Schritt halten mit der Lohnentwicklung der Arbeitnehmer. Steigen die Löhne, steigen im Gleichschritt die Renten.
Schon mit der Einführung der Sozialunion wird das Netto-Rentenniveau in der DDR so wie bei uns nach 45 Versicherungsjahren auf 70 % des vergleichbaren Nettolohnes angehoben. Übrigens nicht »schrittweise«, wie in der Koalitionsvereinbarung der DDR vorgesehen war, sondern sofort, auf einen Schlag. Nach Schätzungen werden dadurch mehr als zwei Drittel aller DDR-Renten angehoben.

Für den Rentenzugang 1990 bedeutet das zum Beispiel: Nach 45 Arbeitsjahren betrug die Rente eines Durchschnittsverdieners aus der DDR-Pflichtversicherung 480 Mark. Wurden Beiträge zur Zusatzversorgung gezahlt, kamen noch 122 Mark dazu, zusammen also 602 Mark. Die neue Rente in DM beträgt 672 DM. Und keine Rente wird nach der Sozialunion niedriger sein als vor der Sozialunion. Der Bestandsschutz wird gesichert.

Verbesserung für Kriegsopfer

Auch die Kriegsbeschädigten-Renten steigen erheblich. Sie werden generell auf 70 % des durchschnittlichen Netto-Arbeitsverdienstes von 960 DM festgesetzt und betragen seit dem 1. Juli 672 DM, bislang höchstens 470 Mark. Steigerung: 42 %. Auf einen Schlag. Und das auch noch dynamisiert. Wird neben der Kriegsbeschädigten-Rente noch anderes Einkommen bezogen – Arbeitseinkommen, Rente – erfolgt wie bisher eine Anrechnung. Aber: Früher konnte dies bis auf Null gehen; künftig bleiben mindestens 150 DM. Die älteren Mitbürger in der DDR sind 40 Jahre vom Sozialismus betrogen worden. Sie werden zu den ersten Gewinnern der deutschen Einheit zählen.

Den Behinderten helfen

Der Sozialismus förderte und dekorierte die »Helden der Arbeit« und die Spitzensportler. Die Behinderten dagegen blieben im toten Winkel der Unterstützung. Rehabilitation ist unterentwickelt. Es bestehen zum Teil katastrophale Zustände.

Wir wollen ein System der Rehabilitation in der DDR aufbauen helfen, das unserem entspricht. Und hier wie dort muß Hilfe für Behinderte weiterentwickelt werden. Denn auch hierzulande bedürfen die Behinderten noch einer größeren Solidarität von denen, die das Glück haben, nicht behindert zu sein.

(Bundesarbeitsblatt, Juli 1990)

Der Streit um den zukünftigen Regierungssitz kulminiert in der Bundestagsdebatte vom 20. Juli 1991. Sie wird durch zwei Plädoyers eingeleitet. Wolfgang Thierse spricht für Berlin. Norbert Blüm für Bonn.

Berlin oder Bonn – Entscheidung ohne Zwietracht

Ob Berlin oder Bonn, ob das Parlament und die Regierung hier oder dort angesiedelt sind – der Streit darüber darf uns nicht die Freude vergällen, daß wir ein Volk und wieder vereint und frei sind und daß wir wieder darüber debattieren können, wo Verfassungsorgane in Deutschland ihren Sitz nehmen sollen.

Wir haben die Teilung überwunden. Deshalb darf die heutige Debatte nicht das Trennende, sondern muß das Gemeinsame stärken. Teilung durch Teilen überwinden, kann das nicht auch das Programm einer bundesstaatlichen Aufgabenverteilung zwischen Berlin und Bonn sein?

Wir wollen das Miteinander durch eine Aufgabenverteilung zwischen der Hauptstadt Berlin und Bonn fördern. Zu diesem Miteinander in ganz Deutschland gehört nicht nur die Verteilung von Verfassungsorganen auf diese Städte, sondern auch die Verteilung von Bundeseinrichtungen auf ganz Deutschland, wobei dem Aufbau in den neuen Bundesländern eine ganz besondere Zuwendung gebührt.

Berlin oder Bonn – Symbole der Freiheit

Berlin oder Bonn stehen beide für freiheitliche Traditionen, welche die wiedergefundene Einheit ermöglicht haben.

Der Widerstand der Berliner Bevölkerung gegen Unfrei-

heit, das Standhalten gegen Bedrohung, Erpressung und Blockade hat die Idee der deutschen Einheit wachgehalten und die Erwartung der Wiedervereinigung vor einer fatalistischen Resignation geschützt.
Aber auch das Verdienst von Bonn darf nach über 40 Jahren Bundesrepublik nicht gering geschätzt werden. Mit dem Namen Bonn verbindet sich der längste freiheitliche Zeitabschnitt eines deutschen Staates. Und diese Freiheitsepoche darf nie zu Ende gehen.
Der Mut der Bürger in der ehemaligen DDR, der friedliche Aufstand gegen Unfreiheit und Unterdrückung – das bleibt das große Ruhmesblatt der Deutschen im Osten unseres Landes – hatte ein Ziel: Freiheit. Und diese Freiheit konkretisiert sich in den Grundrechten des Bonner Grundgesetzes. Über Freiheit führt der Weg zur Einheit. Freiheitsrechte wurden im Grundgesetz bewahrt.
Der Ruf der Bürger der DDR nach Freiheit hätte ohne Politik, die mit dem Namen Bonn verbunden ist, gar keinen Resonanzboden in Deutschland gehabt. Die Grabesstille der Unterdrückung hätte in ganz Deutschland geherrscht.
Ohne Politik, die mit dem Namen Bonn verbunden ist, wäre ganz Deutschland eingemauert worden. Deutschland wäre vom freiheitlichen Westen abgesperrt worden. Bonn war der Anker in der freien Welt.

Bundesstaatslösung – Miteinander statt Spaltung

Der Antrag, den ich hier vertrete, steht unter der Überschrift Bundesstaatslösung.
Berlin und Bonn, nicht Gegeneinander, sondern Miteinander ist das Programm, das wir vorschlagen. Spaltungen hatten wir reichlich. Mehr Gemeinsamkeiten werden gesucht.
Berlin – die Hauptstadt Deutschlands. Das ist entschieden.

Das wollen wir so. Das haben wir im Einigungsvertrag bestätigt und entschieden. Aber der Einigungsvertrag geht nicht von einer automatischen Übereinstimmung von Hauptstadtfunktion mit Parlaments- und Regierungssitz aus. Denn er hat die Entscheidungen über Hauptstadt und Parlaments- und Regierungssitz voneinander getrennt. Wir schlagen vor: Berlin mit Amtssitz des Bundespräsidenten, mit dem Sitz des Bundesrates, mit der Bundesversammlung, herausgehobenen Sitzungen des Bundestages, zusätzlichen Dienststellen des Bundeskanzlers und weiterer Mitglieder der Bundesregierung und Bonn als Parlaments- und Regierungssitz – für eine solche bundesstaatliche Lösung werbe ich.

Entscheidung für den modernen Nationalstaat Deutschland

Wir entscheiden freilich nicht nur über Sitzfragen. In unsere heutige Entscheidung gehen auch Fragen des Selbstverständnisses des Nationalstaates Deutschland ein.
Der Nationalstaat Deutschland steht am Ende dieses Jahrhunderts nicht mehr dort, wo er am Anfang stand. Wir knüpfen auch mit unseren demokratischen Traditionen nicht einfach dort wieder an, wo der Faden 1933 gerissen ist. Die Geschichte bleibt nie stehen. Man steigt nicht zweimal in denselben Fluß, das wußten schon die griechischen Philosophen. Wir entwickeln unser Deutschland weiter. Der Nationalstaat Deutschland öffnet sich zu Europa, und der Nationalstaat Deutschland steht auf einem kräftigen föderalen Fundament.
Der Nationalstaat Deutschland ist nicht einfach die Verlängerung der Vergangenheit über die Gegenwart in die Zukunft. Deshalb darf die Glaubwürdigkeit geschichtlicher

Standpunkte und Festlegungen nicht einer neuen Nachdenklichkeit im Wege stehen. Geschichte ist kein Museum. Geschichte ist Entwicklung. Sie geht oft über unsere Absichten und Vorsätze hinweg. Glaubwürdigkeit kann nicht die einfache Wiederholung eines Standpunktes sein. Sonst wäre sie eine Sperre gegen neue Einsichten und Entwicklungen. Bonn hat sich über ein Provisorium hinausentwickelt, ist keine Durchgangsstation, wo für kurze Zeit aus Koffern regiert wurde. Bonn hat republikanisches Eigengewicht gewonnen. Große historische Stunden sind mit Bonn verbunden. Dem Einigungsvertrag haben wir in Berlin und Bonn zugestimmt.
Der Nationalstaat Deutschland, wie wir ihn uns wünschen, ist europäisch eingebunden und regional gegliedert. Grenzen verlieren ihre Bedeutung, und Regionen schaffen neue Identifikationen. Europäisierung und Regionalisierung sind die beiden Pole eines neuen lebendigen Nationalstaates.

Orientierung am Föderalismus

Paßt in eine solche bundesstaatliche Lösung eine alles dominierende Hauptstadt? Ich meine: nein.
Eine Hauptstadt Berlin mit Parlaments- und Regierungssitz würde, so fürchte ich, eine Sogwirkung erzeugen, die auch das neugewonnene Selbstbewußtsein der neuen Bundesländer unterspült.
Nicht ohne Grund legten Staaten mit einem kräftigen föderalen Selbstbewußtsein ihren Parlaments- und Regierungssitz nicht in die größte Stadt: Die Amerikaner nicht nach New York, sondern Washington. Die Kanadier nicht nach Montreal oder Toronto, sondern nach Ottawa. Die Schweizer nicht nach Zürich, sondern nach Bern.

Sollten wir nicht auch an der Klugheit und Erfahrung anderer föderaler Staaten unser Maß nehmen?
Der Reichtum Deutschlands liegt in einer sympathischen Vielfalt. Der Blumenkranz seiner Residenzen hat Deutschland immer geschmückt. Was alles dominierende Zentralstädte für die Regionen und Provinzen bedeuten, zeigen uns Frankreich und England.

Berlin oder Bonn – Entscheidung für die Zukunft

Berlin wird auch ohne Regierungs- und Parlamentssitz die herausragende kulturelle und wirtschaftliche Metropole unseres Vaterlandes. Berlin ist im wahrsten Sinne des Wortes die Hauptstadt. Niemand bestreitet Berlin diesen Rang. Braucht es dazu noch Parlaments- und Regierungssitz?
Laßt dem kleinen Bonn Parlament und Regierung. Bonn verliert mit Bundestag und Regierung viel. Berlin dagegen gewinnt vor allem Probleme: Wohnungsprobleme, Mietprobleme, Verkehrsprobleme, Umweltprobleme.
Das Motto: Je größer, desto besser, faszinierte eine ganze Epoche eines expansiven Fortschrittsglaubens. Die Maxime hat nicht gehalten. Megamanie hat ihren Nimbus eingebüßt. Das Ende dieses Weges ist eine Sackgasse.
Mit sechs Millionen Einwohnern rechnen Fachleute schon in wenigen Jahren in Berlin. Das ist gut ein Drittel der Einwohner der ehemaligen DDR. Berlin wird in zehn Jahren mehr Einwohner haben als Hamburg, München und Köln zusammen.
Groß muß nicht größer werden. Wer soll all die Wohnungen in Berlin für Parlament und Regierung bauen, wenn jetzt schon in Berlin die Wohnungen knapp sind?
Schon jetzt fehlen 200 000 bis 300 000 Wohnungen in Berlin. Die Berliner Industrie- und Handelskammer prognostiziert

in den nächsten 20 Jahren zusätzlich bis zu zwei Millionen mehr Erwerbstätige in Berlin. Schon spricht man selbstbewußt von der größten Industriestadt zwischen Atlantik und Ural (Horst Kampe, Präsident der IHK Berlin). Warum dazu und mittendrin noch Regierungs- und Parlamentssitz?
Das Projekt Megastadt ist weltweit in Schwierigkeiten geraten. Überall beginnt ein vorsichtiger Rückzug, eine Entkrampfung durch Dezentralisierung. Tokio versucht sich von Regierungseinrichtungen durch Dezentralisierung zu entlasten. Warum sollten wir uns in die entgegengesetzte Richtung bewegen?
Das schöne Berlin, die Stadt mit großer Liberalität, einer Bürgerschaft mit Witz und einer unkomplizierten Herzlichkeit ist groß genug. Ballungsstädte sind Problemstädte. Das lebenswerte Berlin mit vielen Wiesen, Wäldern und Seen in der Stadt darf nicht eine Ballungsstadt – ein Großkonglomerat werden.

Bundesstaatslösung – Entscheidung für den Menschen

Die Entscheidung heute hat eine konkrete menschliche Dimension. Es ist gut, die Entscheidung heute nicht nur auf der Höhe historischer, kultureller, politischer Perspektiven zu treffen, sondern auch aus dem Blickwinkel der Betroffenen. Der Staat, der nicht rückgekoppelt ist an den Alltag der Menschen, schafft sich keine Freunde. Er bleibt ein ferner, fremder Staat.
100 000 Menschen verlieren hier in Bonn und Umgebung ihren Arbeitsplatz, wenn Regierung und Parlament umziehen. Jeder dritte Beschäftigte ist betroffen. 100 000 Beschäftigte, die vom Umzug direkt oder indirekt betroffen sind, das entspricht der Belegschaft von mehr als zehn Zechen oder

Stahlwerken. Das sind mehr als 100 000 menschliche Einzelschicksale. Familien werden in Mitleidenschaft gezogen. Sozialstrukturen werden beschädigt. Das schafft Probleme, die viel komplizierter sind, als es in Statistiken ausgedrückt werden kann. Man muß die Sachfragen aus dem Himmel abstrakter Betrachtungen herunterholen und in die Erlebbarkeit der Menschen übersetzen.
Familien werden auseinandergerissen. Der Mann z. B. arbeitet beim Bund, die Frau ist in der freien Wirtschaft beschäftigt. Jeder hat seinen Arbeitsplatz gern. Dieses Jahrhundert hat schon viel Entwurzelung den Menschen angetan. Der Staat sollte nicht der Betreiber solcher Kollektivumsiedelungen sein.

Muß sein, was nicht sein muß?

Die Wiedervereinigung darf nicht mit einem Programm der Heimatlosigkeit verbunden werden: in keinem Teil Deutschlands, in keiner Stadt. Wir leiden schon genug unter innerdeutschen Wanderungsbewegungen. Wir dürfen sie nicht freiwillig verstärken.
35 000 Bundesbedienstete arbeiten unmittelbar in Bonn. 42 000 sind in Berlin in Bundeseinrichtungen beschäftigt. Sollen die zum Ausgleich getauscht werden? Menschen sind keine Gepäckstücke. Heimat und vertraute Umgebung wechselt man nicht wie Hemden.

Bundesstaatslösung: Arbeit überall in Deutschland

Manche gehen mir zu leicht über die menschlichen »Kosten« eines Umzuges hinweg.
Es ist nicht kleinlich, auch auf die finanzielle Last des Um-

zugs hinzuweisen. Brauchen wir nicht heute und morgen jede Mark in den neuen Bundesländern?
Die arbeitslose Frau oder der arbeitslose Mann, das junge Mädchen, das eine Lehrstelle sucht, der Junge in Gera, Leipzig, Rostock, Erfurt, Frankfurt an der Oder, Schwerin, Magdeburg, Dresden, Chemnitz, Halle und Bitterfeld haben wahrscheinlich andere Sorgen, als die Frage, mit welchen Institutionen eine Hauptstadt ausgestattet sein muß, um Hauptstadt zu sein. Aber gerade deshalb sollten wir am heutigen Tag nicht nur die großen Staatsthemen und -perspektiven besprechen. Wir dürfen die Nöte des Tages nicht übersehen. Weder die Sorgen der Bürger hier in Bonn und Umgebung noch die der Arbeitslosen in den neuen Bundesländern, die unsere Unterstützung benötigen.

Bundesstaatslösung: Gemeinsam mit Berlin und Bonn

Berlin und Bonn dürfen nicht für Trennendes stehen, sondern für Gemeinsamkeit und Ergänzung. Das große Berlin und das kleine Bonn ergänzen sich. Es ist wie der große Bruder und die kleine Schwester. Es hat der Demokratie gutgetan, daß sie nach all den Wirren der Hitler-Zeit und dem aufgeblasenen Pomp und den Paraden der Stalin-Zeit wie eine kleine Schwester daherkam.
Es hat dem Nachkriegswestdeutschland gutgetan, daß Parlaments- und Regierungssitz in der Werkstatt Bonn eingerichtet waren. Die bescheidene Selbstsicherheit Bonns hat dem Werktag des Parlaments und der Regierungsarbeit gutgetan. Warum nicht auch unserem wiedervereinten Deutschland?
Deshalb beantragen wir eine bundesstaatliche Lösung mit Berlin und Bonn.
Wir haben Konsens und Kompromiß versucht. Es ist uns

nicht gelungen. Wir müssen entscheiden. Wir wollen entscheiden.
Mit Bonn verbindet sich der demokratische Neuanfang unserer Geschichte.
Mit Bonn verbindet sich die friedlichste und freiheitlichste Epoche unserer Geschichte.
Mit Bonn verbindet sich die Westintegration, die Grundlage für die Wiederaufnahme in die Gemeinschaft freier Völker.
Bonn hat nicht einfach seine Schuldigkeit getan und kann gehen.
Mit Berlin zusammen steht Bonn für eine freiheitliche und friedliche Entwicklung unseres Landes.
Sie haben das Wort und die Entscheidung. Wir bitten Sie um Ihre Zustimmung zu einer bundesstaatlichen Lösung.
(Rede Deutscher Bundestag, 20. Juni 1991)

Norbert Blüm ist viel unterwegs in den neuen Ländern. Die Eindrücke überschlagen sich. Einige hat er aufgeschrieben.

Eindrücke aus Deutschland

1. Mai: Ein Tag in Deutschland

Die Halle in Suhl ist voll. CDU und IG-Metall sind die gemeinsamen Veranstalter: eine originelle Paarung. Für mich ist das eine Premiere. Obwohl ich doch Mitglied in beiden Vereinen bin, und das seit eh und je, so ein Veranstalterduo habe ich noch nie erlebt. Ich lache still in mich hinein. Das Publikum dagegen nahm diese Uraufführung wie ein Routinestück auf dem etablierten Spielplan.
Es ist Nachmittag. Morgens in Hamm, Zentrale Maiveranstaltung der DAG, war es wie alle Jahre wieder gewesen. Musikstück vorweg. Grußwort des Oberbürgermeisters. Musikstück. Rede des Vorsitzenden Issen. Rede Blüm. Musikstück. Plakate, Spruchbänder, Beifall, Pfiffe – alles, was so dazugehört.
In Suhl angekommen, hatte mich die Kundgebungslust längst verlassen … und noch eine Kundgebung. Also schaltete ich um: »Ihr habt in den letzten 40 Jahren genug Kundgebungen über euch ergehen lassen müssen, laßt uns miteinander diskutieren.« Diskussion ist besser als immer wieder diese abgedroschenen Kundgebungsmonologe. Und schon ging es los, einer nach dem anderen trat ans Mikrofon. Ich versuchte zu antworten. Es klappert die Mühle: Einwand/Ablehnung, Frage/Antwort, Einwand/Zustimmung, Frage/ich weiß keine Antwort/Beifall/Rumoren/Pfiffe – ja, jetzt läuft es wie geschmiert.
Ich habe die Einwände, Fragen, Kritiken längst vergessen.

Aber eine Wortmeldung bleibt mir noch heute im Gedächtnis.
Ein kleiner, dürrer Mann, mit abgewetztem Ledermantel trat vor. Viel zu lang war der Mantel, sein Saum reichte fast bis zum Boden. Mit kleinen Schritten kam er ans Mikrofon, duckte sich vor der Menge, so daß er noch kleiner und schmächtiger erschien, als er war. Fahl und faltig war sein Gesicht, und leise, fast hastig begann er: »Ich habe keiner Maus was getan, keinem Menschen ein Haar je gekrümmt.«
Was will der eigentlich? Soll das jetzt eine Lebensbeichte vor vollem Haus werden? Aber es folgen nur noch zwei kurze Sätze, und schon huscht er wieder davon. Die Sätze: »Ich war 40 Jahre Mitglied der SED. Wollt ihr zwei Millionen Menschen ausgrenzen?«
Das Wort »ausgrenzen« war das einzige, was ich als geliehen empfand. Sonst war alles authentisch. Die Menge buhte und zischte. Er tat mir leid.
Ich konnte ihm nur mit der Frage helfen: »Wollt ihr weiter gegen die buhen, die sich nicht mit der ›Macht‹ identifizieren können? Das haben doch viele von euch 40 Jahre lang von der anderen Seite erlebt. Sollen jetzt nur die Seiten gewechselt, das alte Spiel aber fortgesetzt werden: Die einen gehören dazu, die anderen sollen das Maul halten? Nein, das ist nicht meine Demokratie.«
Es wurde still im Saal, doch nur ein paar Schrecksekunden, dann ging es in der Tagesordnung weiter. Nur eine kurze Pause für die Menschlichkeit? Die nächste Wortmeldung bitte!
Eine Stunde später, im Festzelt des DGB, immer noch in Suhl, tritt eine gutgeschulte Protestseilschaft geübt vors Mikrofon, um ihre Beschwerden vorzutragen. Am besten konnte es der DGB-Kreisausschußvorsitzende, und er zog vom Leder mit allem, was er auf Funktionärslehrgängen gelernt hatte. Stimme hoch am Ende einer Attacke und immer

Pause für Beifall. Leider war kein Rednerpult auf dem Podium, und so mußte er sein DIN-A-4-Blatt in die eine Hand nehmen, so daß seine Gestik in eine gewisse Schieflage zu seinem Text geriet. Für so einen Text braucht man zwei gestikulierende Hände.
Den Text seiner Rede hätte ich für ihn weitersprechen können, wenn er steckengeblieben wäre. »Ausbeutung«, »Profit«, »Paragraph 116 Arbeitsförderungsgesetz«, »Kapitalistenstaat«: alles alte Bekannte aus der westdeutschen Gewerkschaftsszene. Und dabei sprach er auch noch hessisch, ein mir wohlvertrauter Dialekt, ein Wessi also. Aber er sprach über die Köpfe der Zuhörer hinweg. Westdeutsche Worthülsen in einer Gesellschaft, die ganz andere Sorgen hat.
Drei Welten. In einem Land. An einem Tag.

Das Einheitsglück!

Das Hotel war zu protzig, die Bedienung zu unterwürfig, der Direktor zu freundlich. Eigentlich kein Zielort für eine lange Wanderung. Aber irgend jemand hatte ihn ausgesucht. Also gut.
Wir erreichen das Ziel staubig und müde. Wir, das waren meine Frau, Katrin, meine Tochter, Thomas, der Schwiegerfreund, Alexander, der Freund aller, sein Sohn und ich.
Dann erfuhren wir es. Unser Hotel war eines jener ehemaligen Jubelherbergen, in denen sich häufig nach getaner Jagd das ostdeutsche SED-Establishment niedergelassen und gepraßt hatte. Jagd war offenbar in der alten DDR das, was in Westdeutschland Wagner-Opern in Bayreuth sind. Ein Teil der Selbstdarstellung einer außengeleiteten Gesellschaft. Mein Gott, was sollen wir hier? Also gut.
Irgendwann am anderen Morgen sprudelt der Chef mit tau-

send Berichten, Stories und Erzählungen. Zwei davon habe ich mir gemerkt. Margot und Erich hatten hier nach dem Mauerfall für eine Nacht Zuflucht gefunden. Aber dann Hals über Kopf das Haus verlassen, weil die Bevölkerung aus den umliegenden Gemeinden im Anmarsch war, um Erich das letzte Halali zu blasen. Erich habe das alles nicht mitbekommen, Margot dagegen sei noch immer »Herr im Hause« gewesen. Sie haben das alles für einen vorübergehenden Betriebsunfall gehalten, dessen Spuren bald wieder verwischt sein würden. Aber das war nicht die einzige Geschichte, die ich mir gemerkt habe.

Eines Tages im vergangenen Jahr sei ein westdeutscher Krösus eingeflogen, der sich als ehemaliger Eigentümer des Anwesens vorstellte und ankündigte, das Hotel wieder in seinen wohlverdienten Besitz nehmen zu wollen. Rückversichert bei der Treuhand, habe man ihm, dem Direktor, empfohlen, ihn, den möglichen Besitzer, gut zu behandeln. Er war gleich mit 30 Begleitern angerückt. Sie besichtigten alles, zechten unmäßig und hinterließen eine große Rechnung, 30.000 Mark oder mehr habe sie betragen.

Der Westdeutsche habe versprochen, in wenigen Tagen zurückzukommen, um zu klären, wer vom alten Personal übernommen werden könne. Mit vielen Fragen hinterließ er eine verängstigte Belegschaft. Doch er kam nie wieder, und die Rechnung wurde auch nicht bezahlt. Sie mußte eingeklagt werden.

So viel können wir gar nicht vom Glück der deutschen Einheit reden, wie die Kleinimperialisten in wenigen Stunden verderben.

Der gestiefelte Kater – einmal anders

Der Theatersaal in Zittau war gut besucht. Auf den Stufen zum Foyer empfing mich der Intendant mit der Bemerkung: Seine Stücke seien nicht immer so gut besucht. Das sollte mich offenbar freudig stimmen. Auf dem Spielplan stand »Der gestiefelte Kater«. Doch heute abend hatte der Kater Pause. Blüm sprach in einer CDU-Versammlung.

Es war eine muntere Diskussion. Vorn in der ersten Reihe saß ein Arbeiter, ungefähr so alt wie ich. Er beklagte seine Arbeitslosigkeit. 40 Jahre habe er geschuftet, und schließlich hätten sie auch etwas zustande gebracht in der alten DDR. »Aber jetzt werden wir nicht mehr gebraucht. Die alten Seilschaften dagegen, die sitzen noch fest auf ihren gutgepolsterten Vorstandssesseln in den Betrieben. Die Bonzen, ja die braucht ihr noch. Die haben uns früher schon gequält. Die schwimmen immer oben« ... usw. Brausender Beifall im Saal.

20 Minuten später, immer noch in der Diskussion, erhebt sich hinten in einer der letzten Reihen links ein alter grauer Herr. Schulmeister, wie sich herausstellt. »Mich habt ihr aus der Schule geworfen, weil ich SED-Mitglied war. Ich habe den Kindern nie was Schlechtes beigebracht, und abends in der Volkshochschule habe ich auch jene am Englisch-Kurs teilnehmen lassen, die bereits Ausreiseanträge gestellt hatten. Das war verboten. Das war mein Mut. Und jetzt werden wir alle vor die Tür gesetzt und alle über einen Kamm geschoren, nur weil wir bei der SED waren.« Und wieder rollt die Beifallswelle. Diesmal braust sie in die entgegengesetzte Richtung zur Welle, die mein alter Arbeiter ausgelöst hatte. Was jetzt, SED raus oder SED rein? Vielleicht ist auch die Parteilinie kein ausreichender Trennstrich zwischen Gut und Böse. Vielleicht, vielleicht ...

Gerechtigkeit, du hast es schwer. Salomon, wo bist du?

Menschenrechte bei Sowjetsoldaten?

Wir fuhren an einer langen Kasernenanlage vorbei. Sie war schon zu Hitler-Zeiten von Soldaten besetzt, wie man uns erzählte. Und nach dem Krieg wohnten hier bis vor wenigen Wochen sowjetische Soldaten.

Keine Menschenseele war zu sehen. Aber warum sollten wir nicht einmal hinter die Mauern schauen? Da, ein Tor, wir fuhren darauf zu. Aus dem Kabäuschen an der Seite stolperte ein Bewacher in Uniform, den irgendeine private Wachgesellschaft angeheuert hatte. Ob wir denn nicht einmal reinschauen dürften, fragten wir ihn. Er sagte nichts, schloß auf, und wir trotteten hinter ihm her.

Zielstrebig erreichten wir den ersten Bau. Noch einmal Stacheldraht, hohe, schmale, vergitterte Fenster, alte vergammelte Eisentüren. Immer noch wortlos schloß er auf. »Das war das Gefängnis für die sowjetischen Soldaten.« Das war sein einziger Satz. Mehr war auch nicht notwendig.

Wenn Hunde so eng gedrängt in einem Zimmer eingesperrt würden, jeder Tierschutzverein würde aufheulen. 20 Eisenpritschen neben- und übereinander. Schon zuwenig Luft im Raum, wenn niemand darin lebt. Licht, nur als schattenhafte Erinnerung an die Sonne draußen, fällt durch einen vergitterten Spalt an der Decke. Dann, nebenan, Kleinsträume mit in den Boden eingelassenen Eisenstühlen – unverrückbar für zwei Personen. Kein Tisch, nichts. Tagsüber wurden Bretterbetten hochgekippt und an die Wand geschnallt. Nachts wurden die Betten heruntergeklappt, und der Stuhl war der Bettpfosten. Und da waren auch noch Ketten an der Wand. Für was oder wen Ketten? Wie viele werden daran geknebelt worden sein? Wieviel Menschen werden hier gelitten haben?

Menschenrechte, Menschenrechte, wo wart ihr mitten in Deutschland geblieben? Warum sprach niemand darüber? Warum wußte niemand davon?

Die Kneipe war in einem Fachwerkhaus. Schon Fontane soll sie auf seinen Wanderungen durch die Mark Brandenburg besucht haben. Sie liegt am Stechlinsee. Der Wirt ist freundlich, das Bier gut gezapft und die Speisekarte handfest. Was will man mehr? Am Nachbartisch rechts neben der Tür saß offenbar der Stammtisch zusammen. Und wie an allen Stammtischen dieser Welt wurde auch dort die Welt wieder einmal neu erfunden. Aber es gibt ja auch hier genug zu ändern. Als ich aufbreche, drei Schritte vor der Tür, ruft mich Herkules, der Größte und Dickste, an den Stammtisch zurück. Also gut, ich trinke ein Bier mit.

Das Bier stand noch nicht auf dem Tisch, da legte Herkules schon los. Noch 14 Tage gebe er sich Zeit, dann sei Schluß, endgültig aus. Dann packe er sein Bündel und gehe nach Hause. Er habe hier sowieso schon viel zuviel Zeit vertan. Und zu Hause in Nürnberg warte ein Maurergeschäft auf ihn. Auf den Arm nehmen lasse er sich nicht.

Ich begreife immer noch nicht, was er will. Doch das klärt sich bald auf. Er ist ein aus dem Westen Heimgekehrter, der hier auf einem alten, ihm gehörenden Grundstück bauen will. Er will was tun für die alte Heimat. Doch sie lassen ihn nicht. Er will doch gar nichts verdienen. Er will helfen »aus alter Anhänglichkeit an die Heimat«, die er einst verlassen mußte. Jetzt regt er sich so auf, daß ihm der Bierschaum von den Lippen fliegt. Was hier die Bürokratie sich nicht alles einfallen ließe, um jede gutgemeinte Initiative im Keim zu ersticken, das gehe auf keine Kuhhaut. Und er schlägt auf den Tisch, daß die Biergläser springen und der Stammtisch in ängstlich andächtiger Zustimmung versinkt. Und er haut noch einmal auf den Tisch. Alle nicken – ich auch.

Da haben wir im Westen in 40 Jahren ein ausgefieseltes Bau- und Genehmigungsrecht geschaffen, das jetzt mit größter

Perfektion auf die ehemalige DDR überführt wird. Und die westdeutschen Beamten, die hier zur Hilfe eingesetzt werden, genießen erst einmal die Perfektion, die sie zu Hause trainierten und hier jetzt lückenlos anwenden. »Ja, so ist es, noch 14 Tage, dann könnt ihr mich hier und in Bonn gerne haben (er sagt es etwas gröber, was wir ihn können), dann kehre ich in meinen Baubetrieb zurück, denn ich kann mein mühsam aufgebautes Geschäft nicht vor die Hunde gehen lassen, weil ich hier Papierkrieg führen soll.« Formulare seien nicht sein Material. »Ich habe es gut gemeint, aber jetzt ist Schluß.«

Ich trinke mein Bier. Was soll ich sagen? Recht hat er. Man müßte eine Zündschnur an die bürokratischen Reglementierungen legen, um den Genehmigungs- und Einspruchsperfektionismus wegzusprengen. Eine kleine Kulturrevolution in Sachen Verwaltungsstaat würde uns allen guttun. Und vielleicht könnte der frische Wind des Aufbruchs aus dem Osten Deutschlands kommen.

Kafkas Schloß, es steht noch immer in Deutschland.

(Rheinischer Merkur, Juli 1992)

Deutschland steht vor dem europäischen Binnenmarkt. Die Dänen sagen nein zu Maastricht. Eine Antwort auf die Brüsseler Regelungswut? Norbert Blüm mahnt Kommission, Rat und Gerichtshof: Laßt die Kirche im Dorf.

Vertrauen zurückgewinnen – Europa braucht die Akzeptanz der Bürger

Das Nein des dänischen Volkes im Referendum zum Maastrichter Vertrag signalisiert dringende Erwartungen an eine Veränderung in der Politik der Gemeinschaft, zielt aber nicht auf das Fundament des Gemeinschaftsgebäudes.

Das Rad der Geschichte soll und darf nicht zurückgedreht werden. Angesichts der entstandenen Lage gilt es deshalb, die vertraglichen Grundlagen der Gemeinschaft zu sichern und behutsam weiterzuentwickeln. Deshalb ist es jetzt auch richtig, die übrigen nationalen Ratifizierungsprozesse konsequent weiterzuführen und die Tür für Dänemark weit offenzuhalten.

Eine solche Fortführung des Integrationsprozesses darf aber nicht verwechselt werden mit dem Aufruf »Business as usual«. Im Gegenteil: Das immer stärker zutage tretende Unbehagen der Bürger gegenüber der Gemeinschaft – nicht nur in Dänemark – bedarf dringend politisch überzeugender Antworten. Dieses Unbehagen ist Ausdruck eines zunehmend verlorengehenden Vertrauens der Bürger in die gemeinschaftlichen Entscheidungsinstanzen – Kommission, Rat und Gerichtshof. Sie alle haben es versäumt, ihre verbindlichen Entscheidungen ausreichend transparent zu gestalten. Es fehlt der Rückkoppelungsprozeß zum Bürger durch eine breitangelegte öffentliche Diskussion.

So werden Entscheidungen von großer Tragweite für den

Bürger nicht mehr nachvollziehbar; und von einem aktiven Mitvollziehen europäischer Politik kann selbst da nicht einmal ansatzweise die Rede sein, wo der Bürger unmittelbar betroffen ist. Das politische Tagesgeschäft der Gemeinschaft ist allzuoft zentralistisch-bürokratisch, unnötig bis ins kleinste Detail gehend und damit überregulierend. Eine alles überwälzende Vereinheitlichung droht zum Selbstzweck zu verkommen. Eine gleichmachende Harmonisierung bahnt sich scheinbar unaufhaltsam ihren Weg auch da, wo gemeinsame Integrationsziele unter Achtung und Erhalt der Vielfalt nationaler Gepflogenheiten genauso gut oder sogar besser erreichbar wären.

Es führt zur Verdrossenheit, wenn in unseren öffentlichen Diskussionen viel vom Subsidiaritätsprinzip die Rede ist, von Rücksichtnahme auf nationale Besonderheiten und historisch gewachsene Rechts- und Verwaltungstraditionen, im politischen europäischen Tagesgeschäft und in vielen rechtlich bindenden Entscheidungen jedoch eher das Gegenteil dieser Grundsätze praktiziert wird.

Das ist es, was den Bürgern Unbehagen macht an Europa: Angst vor einem Verlust der Vertrautheit gewachsener Systeme und das unbeeinflußbar erscheinende Ausgeliefertsein gegenüber einem zentralistischen Moloch. Wenn es der Gemeinschaft nicht gelingt, dieses Unbehagen der Bürger durch die Praxis zu überwinden, dann schaufelt sie sich ihr eigenes Grab. Formale Regelungsmacht – und erst recht umstrittene oder gar angemaßte – wird sich nicht durchsetzen, wenn ihr die Bürger dauerhaft Akzeptanz versagen.

Deshalb ist es keineswegs integrationsschädlich, sondern es gehört im Gegenteil zu der auch vom Bundeskanzler befürworteten stärkeren Aufklärung der Bevölkerung , wenn der CSU-Vorsitzende Theo Waigel eine Enquete zur »Eurokratie« ankündigt. Er will beim Namen nennen, wo sich Brüssel (Kommission und Rat) und Luxemburg (Europäischer Gerichtshof) zuviel Regelungsbefugnis angemaßt haben, während man Straßburg (Europäisches Parlament) fundamentale Rechte noch weitgehend vorenthält, obwohl dort das einzige direkt von den Bürgern gewählte und damit unmittelbar demokratisch legitimierte Gemeinschaftsorgan sitzt.

Und der Parlamentarische Geschäftsführer der CDU/CSU-Bundestagsfraktion Jürgen Rüttgers trifft den Nagel auf den Kopf, wenn er sagt: »Wir wollen die Europäische Union, aber nicht Entmündigung der Nationalstaaten.« Wer die EG entschlackt, schwächt sie nicht, sondern macht sie fit für ihre wirklichen Aufgaben und fördert so einen Integrationsprozeß, der akzeptiert, gewollt und verstanden wird.

Nur wenn die Gemeinschaft und alle ihre Entscheidungsinstanzen in diesem Sinne konsequent umsteuern, werden sie das weit über Dänemark hinaus verlorengegangene Vertrauen beim Bürger wiedergewinnen. Jede einzelne der jetzt und in naher Zukunft anstehenden Entscheidungen von Kommission, Rat und Gerichtshof wird insofern zum Testfall und zur Bewährungsprobe für eine Gemeinschaft, der Subsidiarität und Rücksichtnahme auf tief verwurzelte nationale Traditionen lieb und teuer sind.

Und die Entscheidungsträger müssen im Interesse einer erfolgreichen Weiterentwicklung des Integrationsprozesses beherzigen: Ein möglicherweise kleinerer, aber im Konsens aller gegangener Schritt führt weiter und ist zuträglicher als das forsche Einsetzen formaler Regelungsmacht, wenn damit gravierende nationale Interessen ins Abseits manövriert werden. Das könnte bei der Arbeitszeitrichtlinie Großbritannien im Hinblick auf seine Rechtstradition treffen und bei der Richtlinie über die Europäische Aktiengesellschaft Deutschland im Hinblick auf Gefahren für die bei uns erfolgreich praktizierte Mitbestimmung. Und für jeden anderen Mitgliedstaat sind ähnliche Konstellationen denkbar, in denen er zu Recht bei aller Bereitschaft zum Kompromiß die Rücksichtnahme der anderen auf seine ganz spezifischen nationalen Belange erwarten muß.

Aber auch die Bürger in den Staaten der Europäischen Gemeinschaft müssen sich bewußt werden, daß die Politik der Gemeinschaftsorgane ihre Angelegenheit und deshalb beeinflußbar ist. Die Gemeinschaft braucht stärker den Rückkoppelungsprozeß zu den betroffenen Menschen: Gewerkschaften, Verbände von Handel, Handwerk und Industrie, Wohlfahrtsverbände, Betriebsräte, Parteien und Bürgerinitiativen – sie alle können und müssen den Entwicklungen in der Gemeinschaft mehr Aufmerksamkeit widmen. Sie müssen wissen, was in Brüssel, Straßburg und Luxemburg passiert. Sie müssen sich sachkundig machen, um sachverständig zu beeinflussen, was die Gemeinschaft tut. Schließlich geht es ja nicht um eine Europäische Gemeinschaft der Bürokraten und Eurokraten, sondern um den Weg zu einer Europäischen Union als Gemeinschaft der Völker und Bürger. Diese Union wird nur dann Bestand haben, wenn sie mit den Bürgern und nicht über ihre Köpfe hinweg oder an ihnen vorbei gebaut wird.

(Ruhr-Nachrichten, September 1992)

V.

»Auf der Flucht vor den eigenen Erfolgen«

– Über die CDU –

Die Sinnfrage verstärkt sich. Die Menschen wünschen eine Versöhnung von Glauben und Vernunft. Ausgerechnet da taucht wieder einmal die Frage auf, ob die CDU nicht auf das »C« im Parteinamen verzichten sollte. Für Norbert Blüm eine luxuriöse Diskussion.

Nicht ohne Seele!

In der Silvesternacht des Jahres 1987 feierten am Strand der Copacabana Zehntausende »Macumba«, einen afroamerikanischen Kult. Zur gleichen Zeit besuchten den Silvestergottesdienst des Kardinals von Rio de Janeiro ein paar hundert Leute.
Warum an der einen Stelle 10 000 und an der anderen nur ein paar hundert?
Im Frühjahr dieses Jahres erreichten die Fundamentalisten in Algerien einen triumphalen Wahlsieg. Ihr Zustrom kam nicht aus den Armenvierteln der Städte und auch nicht aus den zurückgebliebenen wüstennahen Regionen des Landes, sondern der Motor der islamischen Bewegung waren die städtischen Intelligenzschichten.

Warum überzieht eine neue Sehnsucht nach einer fundamentalen Spiritualität die Erde?

Er habe den lieben Gott nicht im Weltraum gesehen, triumphierte einst Gagarin nach dem ersten Weltraumflug. Der Erdenzwerg war noch nicht einmal hinter den Mond gekommen. Mehr als ein anthropomorpher Heuschreckensprung ist bis jetzt nicht gelungen, und da wirft sich dieser Banal-Atheismus schon in die Brust und glaubt, Gott ab-

schaffen zu können. Wie eine traurige Ruine dieser Hybris kreiste seit dem 18. Mai vergangenen Jahres monatelang der verlassene Kosmonaut Sergej Krikalow in seiner Weltraumstation MIR um die Mutter Erde. Kein Triumph des Sozialismus im Bündnis mit der Wissenschaft und Technik konnte die Besitzer der Erdstation und Absender der Weltraumfähre MIR vor der Enteignung schützen.
Die waffenstrotzende Großmacht der sozialistischen Sowjetrepubliken scheiterte an der schutzlosen, unbewaffneten Seele der Menschen und ihrem Verlangen nach der scheinbar so schmächtigen Freiheit. »Der Mensch lebt nicht vom Brot allein« ist eine alte biblische Weisheit. Denn selbst jene, die um ihr täglich Brot bangen, verlangen nach mehr als einem vollen Bauch, und die anderen, die im Wohlstand leben, leiden unter der Leere ihrer Seele.
Das Projekt des rein innerweltlichen Heils ist gescheitert. Kapitalismus und Sozialismus waren die letzten Vehikel dieses Fortschrittsglaubens. Beide sind, wie Oswald von Nell-Breuning immer behauptet, die Milchbrüder der gleichen geistigen Mutter: Aufklärung, die den unendlichen Fortschritt versprach. Über 100 Jahre hatten Sozialismus und Kapitalismus Zeit, der Welt zu beweisen, zu welchen Leistungen sie fähig sind. Aber beide lassen verelendete Gesellschaften und verwüstete Hoffnungen zurück.
Religion, so spottete Karl Marx, sei das Opium des Volkes. Ernüchtert und noch im revolutionären Kater, dämmerte die Erkenntnis, daß der Marxismus ein intellektuelles Rauschmittel war. Und die Linken leiden unter Entzug. Jedoch auch der Kapitalismus hinterläßt ideologische Waisenkinder. Niemand, außer den oberen Zehntausend, verbindet in der Dritten Welt mit dem Wohlstandsversprechen des Kapitalismus wirkliche Erwartungen.
Die Väter der sozialen Marktwirtschaft, Röpke und Eucken, Böhm und Müller-Armarck, haben ihre Idee nie rein öko-

nomistisch verstanden. Als Gegenentwurf zur totalitären Herrschaft, unter der sie litten, entsprang ihr Ordnungsmodell einem moralischen Impuls. Ihr Leitbegriff »soziale Marktwirtschaft« signalisiert gleich weiten Abstand zu einem sich selbst überlassenen Markt wie einer alles regelnden Staatswirtschaft.

Auf der Weltbühne vollzieht sich wieder einmal ein Szenenwechsel. Das Fest des Fortschritts ist zu Ende. Wird jetzt eine dunkle Kraft vagabundierender Emotionen ein neues Stück spielen? Diese Aufführung wäre eine Tragödie. Es geht um einen neuen Anlauf zur Versöhnung von Glauben und Vernunft, in der die beste Erbschaft der Aufklärung, nämlich Demokratie und Rechtsstaat, ebenso aufgehoben ist wie die Idee der Menschenwürde, auf der Rechtsstaat und Demokratie basieren.

Menschenwürde findet ihre sicherste Verankerung in dem Glauben, daß alle Menschen Kinder Gottes und trotz aller Unterschiede ihm gleich lieb sind. Das gibt der Menschenwürde eine Sicherheit, die durch keine Macht gebrochen und noch nicht einmal mit Mehrheitsentscheidungen aufgehoben werden kann.

Größere und tiefere Manipulationen sind machbarer, als es jemals möglich schien. Selbst Homunkulus kann vom Fließband laufen. Der Mensch nach den Wünschen und Launen seiner Produzenten ist herstellbar. Der Vorschlag einer »Fristenlösung« für das ungeborene Kind ist nur das Vorspiel eines neuen menschenverachtenden Imperialismus, der sich nicht damit begnügt, fremde Länder zu erobern, sondern der den Menschen besetzen will.

Der Abstand zwischen »Dürfen« und »Können« wird größer und größer. Die instrumentelle Vernunft ist von den zielsetzenden Prinzipien abgekoppelt. Von der Kette gelassen, schickt sie sich an, alles zu machen, was machbar ist.

Aber in den Triumph der grenzenlosen Machbarkeit

schleicht sich eine neue Angst ein, und plötzlich, von vielen noch unbemerkt, begeben sich die Menschen auf die Suche nach einer neuen prinzipiellen Sicherheit. Ohne Gott ist sie nicht zu haben.

Nie hatte eine christlich inspirierte Politik mehr Chancen als in unserer Zeit. Werden Christen die verlassenen Felder des Modernismus beackern? Ausgerechnet in dieser Zeit großer Chancen entsteht jedoch eine luxuriöse Diskussion, ob es nicht besser wäre, wenn die CDU auf ihr »C« im Parteinamen verzichten solle.

Im christlichen Menschenbild wurde der Mensch immer sowohl als unverwechselbares Einzelwesen als auch eine auf Gemeinschaft angewiesene Natur verstanden. Ein anpasserisches Christentum steht in Gefahr, einem umgekehrten Galileo-Effekt zu erliegen. Aus Opportunismus und Feigheit verriet Galileo Galilei seine naturwissenschaftlichen Einsichten vor einer borniert-ignoranten Religiosität. Diesmal geraten Christen in Gefahr, ihre religiösen Wahrheiten vor einer schicken Gottlosigkeit zu verleugnen.

Eine prinzipielle Politik ist nicht toleranzunfähig. Aber sie verwechselt nicht Toleranz mit Zustimmung. Billigung von allem, was um Zustimmung wirbt, ist nicht Toleranz. Ohne Unterschied von Billigung und Duldung entfiele die moralische Anstrengung zur Toleranz.

Die Politik muß die Kraft haben, die Norm zu stützen. Das außerhalb der Norm Befindliche kann geduldet, aber muß nicht gefördert werden. Die Verwechslung von Toleranz mit Anpassung ist eines der schlimmsten Mißverständnisse eines liberalistischen Opportunismus. Nichteheliche Lebensgemeinschaften zum Beispiel können geduldet, aber sie müssen nicht gefördert werden. Trends können nicht normgebend sein, denn wären sie das, wäre die Moral lediglich ein Ableseorgan von Entwicklungen und würde jede Fähigkeit zu verantwortlicher Steuerung aufgeben.

Die Grundsatzdiskussion in der CDU muß mehr sein als die ewige Wiederkehr von Phrasen, die als Prinzipienparade daherstolzieren. Sie muß die Ankoppelung von Tagesfragen an Prinzipien leisten. Es besteht eine große Nachfrage nach einer prinzipiellen Politik, die mehr ist als ideologischer Überbau. Gesucht wird eine Politik mit Wegmarkierungen in einer Zeit, die von Möglichkeiten übersättigt ist.
(Die Welt, April 1992)

Als der Bundespräsident den Parteien vorwirft, sie seien machtversessen und machtvergessen, zeigt sich Norbert Blüm respektlos: Das klingt wie vom hohen Roß, Herr Präsident!

Willkommen im Getümmel

Hau den Lukas gehört noch immer zu den beliebtesten Kirmes-Kraftmeiereien. Böse Geister sollen in manchen Naturreligionen durch Bespucken des Fetisches gebannt werden.

So primitiv sind wir nicht. Doch bei uns gehört die allgemeine Politikerbeschimpfung inzwischen zum amüsanten Zeitvertreib. Und selbst wenn auf einer Party die Stimmung in Langeweile zu kippen droht, Reden über Politiker hält wach und gibt dem Small talk wieder Stoff für schöne sektglasbewaffnete Süffisanz.

Warum auch nicht? Schließlich hat die Demokratie auch einen unbestreitbaren Unterhaltungswert. Attacke, Konfrontation, Konflikt gehören zum demokratischen Geschäft. Denn Macht wird mit der Zustimmung der Wähler gewonnen und nicht von Gottes Gnaden verliehen – Gott sei Dank!

Ich bin eins von den Objekten der allgemeinen Volksbelustigung: ein Politiker. Ich beschwere mich nicht. Meinen Job habe ich mir selber ausgesucht. Aber ich entschuldige mich auch nicht, Politiker, gar Berufspolitiker zu sein. »Bitte, bitte, soll nie wieder vorkommen!« Nein, das passiert mir nicht. Mit Demutsgesten kann ich nicht dienen.

Ich bin mein Geld wert. Ich würde es auch für weniger machen. Aber warum denn? So nützlich wie jeder Sparkassendirektor und mittelmäßige Bundesligafußballspieler bin ich auch.

Meine Normalschicht endet in der Regel mit der üblichen Spätschicht, und viel später als die Frühschicht beginne ich auch nicht. Meine 35-Stunden-Woche erreiche ich gewöhnlich zwischen Dienstag und Mittwoch. Ich schätze die 35-Stunden-Woche so sehr, daß ich bequem zwei von der Sorte in einer Woche unterbringe.
Warum soll ich dem Gemüsemann dankbar sein, daß ich mit seinem Geld meinen Salat bei ihm kaufe? Er erhält sein Geld vom Kunden, ich vom Steuerzahler. Der ist mein Kunde. Und wenn unseren Kunden die Ware nicht mehr gefällt, verliert der Gemüsemann sein Geschäft und ich mein Amt. So einfach ist es.
Nein, beim besten Willen, die neudeutsche Erwartung zur kratzfüßigen politischen Unterwürfigkeit kann ich nicht erfüllen. »Wer sich selbst erniedrigt, will erhöht werden«, wußte schon Nietzsche. Und der verstand was von Heuchelei.
Ich gehöre sogar einer Partei an. Gott sei bei uns. Denn immer, wenn es schwierig wird, erfaßt die deutsche Seele eine wabbrige Sehnsucht nach parteiloser Neutralität. Auch Kaiser Wilhelm kannte dann keine Parteien mehr – sie waren ihm sowieso ein Graus –, sondern nur noch Deutsche. Obwohl doch unter Menschheitsperspektive auch die Deutschen nur »Partei« waren. Es gibt ihn leider nicht, den parteilosen Standpunkt. Nur der liebe Gott hat sich von dieser Beschränkung frei gemacht. Wir sind immer an einen Standort gebunden und sehen alles durch eine Perspektive beschränkt. Wir sind deshalb immer Partei, allein oder im Haufen.
Parteien bündeln die Meinungsvielfalt, ermöglichen den Wettbewerb der Alternativen, sind lebenswichtig für die Demokratie. Und diese Parteien sind nun zum Brennpunkt der Politikerverachtung geworden. Sicher, sie sind zu fett geworden, die Parteien nehmen sich zu wichtig, haben sich eingeigelt. Aber so schlimm, wie sie gemacht werden, sind sie auch wieder nicht.

Unsere Bundesrepublik wäre ohne Parteien nicht zu dem geworden, was sie ist – ein freiheitlicher und sozialer Rechtsstaat. Freilich, die Bundesrepublik ist kein Prachtbau, hat auch vergessene Kammern und ungastliche Räume. Sie muß ständig renoviert werden. Aber sie ist die beste Republik, die wir bisher in unserer nicht immer glücklichen politischen Geschichte auf die Beine gebracht haben. Und diese Bundesrepublik haben die vielgescholtenen Parteien mitgeschaffen.

Und nun lese ich vom Herrn Bundespräsidenten, wie »machtversessen« und »machtvergessen« die Parteien sind. Ja, was denn? »Machtversessen auf den Wahlsieg und machtvergessen bei der Wahrnehmung der inhaltlichen und konzeptionellen politischen Führungsaufgabe.«

Verehrter Herr Bundespräsident, lesen Sie einmal dieses saloppe präsidiale Urteil durch die Brille eines Kommunalpolitikers in Kleinkrotzenburg, Großwallstadt, München, Berlin oder Dresden. Während andere schon in Hausschuhen auf dem Sofa sitzen, bierflaschenumrahmt im Fernsehen Krimi, Fußball oder eine wie immer schöne Ansprache des Herrn Bundespräsidenten konsumieren, rackern sich diese »machtversessenen« Parteipolitiker in Ausschüssen, Kommissionen und Parlamentssitzungen ab und streiten um das Wohl des Volkes. Jawohl, um das Wohl des Volkes. Und ich will Ihnen gestehen, daß selbst ich mich ab und zu am Riemen meiner Machtversessenheit reißen muß, damit ich nicht meinem Hang zur Machtvergessenheit nachgebe, denn manchmal, mit Verlaub gesagt, habe ich die Schnauze von dem schönen Spiel der Macht voll. Pardon!

Über Geld und Korruption zerreißen sich viele das Maul – ich auch –, besonders wenn es um Geld und Korruption der Parteien geht – ich auch! Vom Idealismus vieler Parteipolitiker reden jedoch wenige. Der Bundespräsident zu wenig. So viele Bundesverdienstkreuze hat die Republik gar nicht, wie Parteipolitiker aller Couleur in Sachen deutsche Einheit Tag und Nacht unterwegs waren. Übrigens viele auf eigene Rechnung!

Ja, es stimmt, sie wollen alle an die Macht, auch der Bundespräsident wollte in die Macht seines Amtes. Und obwohl er – nicht nur beschreibend – feststellt, »nicht aus dem politischen Parteileben« zu kommen, bediente er sich bei diesem ehrenwerten Ziel aller im »politischen Parteileben« etablierten Techniken des Machtkampfes. Ich finde darin kein Falsch.

Es ist gut, daß Parteien Platz machen für Seiteneinsteiger wie Richard von Weizsäcker. Ich wünsche mir in meiner Partei viel mehr Seiteneinsteiger von seiner Statur. Aber in das Gefährt kann man auch von der Seite nur einsteigen, weil es Parteipolitiker auf der bekannen Ochsentour weder »machtversessen« noch »machtvergessen« gezogen haben.

Der Bundespräsident spricht »von Tränen der Rührung« und »Zornesadern«, die schwellen, als er über die politische Bewertung der Parteien durch die Bürger reflektierte. Mit Verlaub gesagt, das ist die Sprache vom hohen Roß. Ich wünsche mir den Herrn Bundespräsidenten lieber zu Fuß als Weggefährte der Parteien.

»Machtversessen« und »machtvergessen«: Schönhuber haut mit der flachen Hand auf den Wirtshaustisch, daß die Biergläser scheppern, so gut findet er das.

Sicher bin ich ungerecht. Und Richard von Weizsäcker wird meinen Zorn mit tausend Gegenzitaten leicht beruhigen. Ich gehöre zu den großen Bewunderern seiner präsidialen »Zwar-Aber-Rhetorik«. Sie ist zur Differenzierung fähiger als das markige »Entweder-Oder«, das unsere komplexe Gesellschaft nicht mehr zu beschreiben vermag. Aber manchmal nur, manchmal beschleicht mich der Verdacht, sie sei eine Art eingebauter Rückfallposition für den Fall des Widerspruchs.

Laßt uns streiten, es macht Spaß. Herzlich willkommen im Getümmel, Herr Bundespräsident.
Wollen wir nicht zusammen auch dem intellektuellen Dünkel wehren, der Politik nur als schmutziges Geschäft und garstig Lied beschreiben kann?
Die Verachtung der Politiker hat in Deutschland eine angesehene Tradition. Sie hat nicht die demokratischen Tugenden gestärkt, sondern das spießbürgerliche »Meine Ruhe will ich haben« abgeschirmt.
»Ich will nicht Politik, ich will Sachlichkeit, Ordnung und Anstand«: Man sieht geradezu das blasierte Gesicht des Bürgersohnes Thomas Mann, der von der Trivialität des politischen Kampfes angewidert war, als er die »Betrachtungen eines Unpolitischen« im Ersten Weltkrieg zu Papier brachte.
Auch Goethe und Schiller stehen in der langen Schlange intellektueller Politikerverachtung. ... »Wo das gelehrte« Deutschland »beginnt, hört das politische auf«, meint naserümpfend Schiller, und »Ein garstig Lied! Pfui! Ein politisch Lied!« stammt aus Goethes Auerbachs Keller.
Bleibt uns nur der Hinweis, daß Politik nicht nur Geschäft und nur Management ist, sondern verstrickt ist in die tragische Konstellation des Lebens. Wie war es, als nach einer Räumung besetzter Wohnungen der kleine Rattay unter die Räder eines Berliner Busses geriet und zu Tode geschleift wurde? Sind wir dem Triumphgeheul des »gesunden Volksempfindens« entschieden entgegengetreten? Sie und ich und der ganze Senat von Berlin?
Nicht alles hängt allein vom Geist ab. Manchmal fehlt es nur am Mut, den Stimmen aus dem Orkus entgegenzutreten. Diesen Mut haben Sie freilich bei anderer Gelegenheit mehr als einmal bewiesen.
»Der Geist«, so empfiehlt Richard von Weizsäcker am Ende seines Buches, »sollte der ganzen Gesellschaft in der nöti-

gen Weise im Nacken sitzen.« Wo soll er sitzen? Das Bild stimmt mich lustig. Wieso? Hält sich der Geist womöglich an der Gurgel der Politik fest, damit er nicht abrutscht? Wie tröstlich, daß selbst Richard von Weizsäcker Bilder verrutschen.

(Manuskript für den »Spiegel«, Juni 1992)

Parteien stehen in der Realität. Darf man trotzdem einen Traum haben? Norbert Blüm hat einen von der CDU: Grundsatztreue und pragmatische Problemlösung miteinander verbinden.

Mein Traum von der CDU

Parteien sind keine Traumgebilde – und Ideale keine Wirklichkeit. Wer nicht zu einem Realitätsabstrich von seinen politischen Sehnsüchten bereit ist, gefährdet Politik, weil er das Wünschbare für das allein Machenswerte hält.
Die Weltgeschichte kennt nicht wenige Akteure, die, gleichsam als Befehlshaber des lieben Gottes, die Welt mit ihren Glücksvorstellungen drangsalierten – oft mit besten Absichten. Robespierre war einer von ihnen, und selbst Hitlers Wahnvorstellungen marschierten als kompromißloses Ideal maskiert.
Der liebe Gott bewahre uns vor Fanatikern in der Politik. Eine christliche Politik weiß nicht alles besser. Eine bescheidene CDU begnügt sich mit vorletzten Entscheidungen und überläßt die letzten dem Jüngsten Gericht. Politische Bescheidenheit ist die Bedingung des offenen Dialogs, der sich allerdings vom Palaver dadurch unterscheidet, daß er das Gerede nicht schon für das Ergebnis hält, Ergebnisse jedoch auch korrigiert, wenn sich bessere Einsichten einstellen, selbst wenn sie vom Kontrahenten geliefert werden.
Offener Dialog darf nicht mit grenzenloser Beliebigkeit verwechselt werden. Das Feld des Politischen wird eingegrenzt durch Todeslinien, unterhalb derer auch im Dialog keine Lösung gesucht werden kann, weil unterhalb dieser Linien die Barbarei beginnt.
Eine Handvoll von Grundtatbeständen der Humanität ist der Politik und damit auch dem Dialog entzogen.

Folter beispielsweise ist unter keiner Bedingung erlaubt. Leben bleibt schützenswert ohne Rücksicht, ob es altes, junges, schwarzes, weißes, geborenes oder ungeborenes Leben ist.
Wer allerdings weiß, was verboten ist, weiß noch nicht, was geboten werden soll.
Eine CDU, wie ich sie mir wünsche, verbindet unbeirrbare Grundsatztreue mit Offenheit für immer neue Lösungen.
Prinzipielle und pragmatische Politik können nicht im Sinne einer Arbeitsteilung auf Gruppen in der Partei verteilt werden nach dem Motto: die Grundsätze für die Sonntagsredner, die handfeste Politik für den Werktagsarbeiter, und beide haben so wenig miteinander zu tun wie der Sonntag mit den sechs anderen Werktagen.
Die folgenlosen Grundsatzpolitiker bewundern sich pharisäerhaft im Spiegel ihrer reinen Ideen, während die handfesten Pragmatiker zynisch unbeeindruckt bleiben von den prinzipiellen Einreden, die sie bestenfalls als dekorative Rhetorik akzeptieren. Der Test auf die Integration beider politischen Aspekte wäre einerseits die Fähigkeit, an Grundsätzen ohne Rücksicht auf opportunistische Erfolge, Koalitionen und sonstige taktische Möglichkeiten unbeirrt festzuhalten, andererseits allerdings im weiten Feld der Tagespolitik offen und kompromißfähig zu bleiben.
Schön ist es, mit der weißen Weste die Welt zu beglücken. Liebevoll ist es nicht, denn das Mögliche muß jetzt gemacht werden. Es hilft den jetzt Lebenden nicht, ihnen das Wünschbare für in fernen Zeiten möglich zu erklären. Und so ist die weiße Weste nichts anderes als das Kostüm der Bequemlichkeit.
Andererseits gewähren uns die geschäftigen Pragmatiker nicht die Sicherheit, daß wir nicht über die Stränge der Humanität hauen und uns der Manipulation preisgeben.
Ich träume von einer neuen Balance einer grundsätzlichen

und pragmatischen CDU-Politik. Denn das Einerseits-Andererseits ist nicht Ausdruck der Unentschlossenheit, sondern Bedingung einer dem Menschen zugewandten Politik, die gleich weiten Abstand zu rechten wie linken Schlagseiten hat.
(Die Sonde, Juni 1989)

Die soziale Marktwirtschaft ist das gesellschaftliche Leitbild der CDU. Norbert Blüm nennt sie den dritten Weg zwischen Kapitalismus und Sozialismus.

Der Weg der Mitte ist ein Weg der Vernunft

(40 Jahre »Düsseldorfer Leitsätze« zur sozialen Marktwirtschaft)

Am 15. Juli 1989 feiert die Christlich-Demokratische Union ein stolzes Jubiläum: 40 Jahre »Düsseldorfer Leitsätze« zur sozialen Marktwirtschaft. Damit wurde das gesellschaftliche Leitbild der Christlich-Demokratischen Union formuliert: Es ist die soziale Marktwirtschaft.

Es waren christliche Demokraten, die die Lehren aus der Vergangenheit zogen und daraus ein zukunftsweisendes soziales Wirtschaftsprogramm für unser Land entwickelten. Als viele noch auf staatliche Lenkung durch eine bürokratische sozialistische Planwirtschaft setzten, haben Christdemokraten auf die Bürger gesetzt und einen dritten Weg zwischen Kapitalismus und Sozialismus beschritten, um ein Höchstmaß von wirtschaftlichem Nutzen und sozialer Gerechtigkeit zu erreichen.

Der von Christdemokraten gewählte Weg der Mitte war für die Menschen unseres Landes ein guter Weg der Vernunft, der sozialen Sensibilität und des Fortschritts für alle. Persönliche Freiheit in Verbindung mit Eigenverantwortung und Mitverantwortung war Grundlage eines wirtschaftlichen Aufschwungs, wie er in unserer deutschen Geschichte ohne Beispiel ist. Das Ergebnis ist ein materieller Wohlstand unserer Bürger und ein hochentwickeltes System der sozialen Sicherheit, die ihresgleichen auf der Welt suchen.

Die »Düsseldorfer Leitsätze« zur sozialen Marktwirtschaft

haben dafür – inspiriert von der Katholischen Soziallehre und der Evangelischen Sozialethik – das programmatische Fundament geliefert. Sie dienten als Wahlkampfplattform der CDU für die Wahlen zum ersten Deutschen Bundestag und wurden in der Regierungsverantwortung der Union ab 1949 erfolgreich in praktische Politik umgesetzt.

Geradezu klassisch ist die Formulierung aus den Düsseldorfer Leitsätzen der CDU: »Wer frei sein will, muß sich dem Wettbewerb unterwerfen und darauf verzichten, Macht auf dem Markt zu erstreben. Wer Macht auf dem Markt besitzt, d. h., wer nicht durch Wettbewerb kontrolliert ist, darf nicht frei sein.«

Der Staat ist demnach weder ein Nachtwächter noch ein Versicherungsagent der Wirtschaft. Seine Aufgabe lautet: Hüter einer sozialen marktwirtschaftlichen Ordnung zu sein.

In Konsequenz daraus lauten einige der Erfolgsformeln von damals:

* Sicherstellen eines fairen Leistungswettbewerbs durch den Gesetzgeber,
* Machtverteilung statt Machtzusammenballung,
* soziale Partnerschaft statt Klassenkampf,
* Sicherheit und Geborgenheit durch das Subsidiaritätsprinzip als Gliederungsprinzip einer solidarischen Gesellschaft,
* breite Streuung von privatem Eigentum durch Vermögensbildung in Arbeitnehmerhand.

Dies sind Erfolgsformeln auch für heute, wo unsere Gesellschaft am Beginn einer zweiten Phase der sozialen Marktwirtschaft vor neuen Herausforderungen steht. Sie sind mit Risiken verbunden, aber auch mit großen Chancen. Unsere hochentwickelte Industriegesellschaft muß Antworten geben auf zahlreiche neue Fragen. Dazu zwingen uns der demographische Wandel ebenso wie die Verantwortung für

unsere Umwelt und die Sorge für unsere Nachwelt. Es geht darum, wo immer möglich, stärker Maß zu nehmen an den Bedürfnissen von Mensch und Natur – in der Umwelt, der Arbeitswelt, der Familie, der Nachbarschaft.
Die Politiker, die die »Düsseldorfer Leitsätze« zur sozialen Marktwirtschaft prägten, zeichneten sich aus durch Elan, Weitsicht, pragmatische Phantasie und soziale Sensibilität. Das genau sind Tugenden, mit denen wir auch die zweite Phase der sozialen Marktwirtschaft erfolgreich gestalten können: für einen ökologischen Weg der Vernunft, eine neue Solidarität zwischen Jung und Alt, eine neue Ethik des Gemeinwohls und eine stärkere Anerkennung des Dienstes am Menschen! Die Tradition der Christdemokraten begründet ihre Verantwortung für die Zukunft.
(Deutschland-Union-Dienst 1989)

VI.

»Das Gemeinwohl ist ins Exil gegangen«

– Über den Sozialstaat –

Was den Sozialstaat ausmacht, kann nicht buchhalterisch erfaßt werden. Im Grunde geht es dabei um ein Menschenbild – oder vielleicht sogar um ein Wunschbild: In welchem Staat möchten wir leben?

Es geht nicht nur um Verteilungsfragen

Ich umschreibe das Thema »Sozialstaat« mit dem großen Unwohlsein, daß dieses Wort in einer gewissen inflationären Verwendung offenbar eine neue Form von Denkentlastung wird. Die einen behaupten, der Staat gebe zuviel Geld aus, der Sozialstaat ruiniere uns. Und die anderen sagen, wir seien auf dem Weg zu einem Volk der Elenden, der Sozialstaat sei zerstört. Wo immer die Fahne Sozialstaat auftaucht, ist die Gefahr groß, daß nicht mehr nachgedacht, sondern nur noch gekämpft wird. Deshalb wäre es gut, wenn wir diesen Begriff rückkoppelten an die Wirklichkeit und fragten, was er bedeuten kann. Prinzipien, die nicht exemplifiziert werden, sind leicht in der Gefahr, zu abstrakten Schlagworten zu degenerieren.

Sozialstaat wie Rechtsstaat, beide große verfassungsrechtliche Institutionen, sagen etwas aus über den Staat, über die Gesellschaft. Das Wort »Sozialstaat« ist zu kurz gegriffen, wenn es lediglich auf Verteilungsfragen beschränkt ist; wenn es lediglich den Buchhaltern überlassen wird, die dann zählen: wieviel Einnahmen, wieviel Ausgaben? Im Sozialstaat und in der Vorstellung, die wir von ihm haben, kommt ein Menschenbild zum Ausdruck, ein Weltbild, eine Weltanschauung, vielleicht auch ein Wunschbild. Deshalb ist der Kampf um die Ausfüllung und die Deutung dieses Begriffes ein Kampf um die Zukunft unseres Staates, unserer Gesellschaft.

Und ein Zweites:Ich fürchte, daß auch bei der Reduzierung

auf Verteilungs- und Finanzfragen noch einmal eine Amputation der modernen Sozialstaatsdiskussion stattgefunden hat. Die erste Amputation war, ihn nur auf materielle Fragen zu beschränken; die zweite Amputation, und da läuft er schon ganz ohne Beine: die Verteilungsfragen allein festzumachen an der Ausgabenseite des Staates. Danach ist der Sozialstaat um so besser, je mehr Geld er ausgibt. Auch das halte ich für eine Fehldeutung des Sozialstaats, weil dabei ganz übersehen wird, daß soziale Gerechtigkeit nicht erst beim Ausgeben anfängt, sondern auf der Einnahmenseite beginnt. Es könnte sein, daß Fragen der Belastungsgrenzen neue Rückfragen an den Sozialstaat stellen, und nicht nur die Frage, wieviel Geld verteilt wird. Ich will mich jedoch zunächst der Frage nach der Qualität unseres Sozialstaates zuwenden. In welchem Staat möchten wir leben? Ich möchte nicht in einem Staat leben, der uns alle Probleme abnimmt; der uns von der Wiege bis zur Bahre rund um die Uhr betreut. Für alle Fragen einen Spezialisten, für alle Probleme eine Institution, für jede Schwierigkeit ein Gesetz – das wäre nicht der Sozialstaat, in dem ich zu leben wünsche, weil er auf Freiheit verzichten müßte. Ich kann ihn mir durchaus als machbar vorstellen: einen Staat totaler Zufriedenheit.
Vor Jahren haben sich in London die führenden Wissenschaftler der Welt auf Einladung der Cipra-Stiftung versammelt, um der Frage nachzugehen, was wohl die größten Gefahren der Menschheit seien. Sie haben damals die größte Bedrohung nicht in der Atombombe gesehen, sondern geglaubt, die Gefährdung bestehe in einer allmählichen Degeneration der Menschheit; in einer Welt, in der die Menschen nur noch ihre Leiden pflegen und nicht mehr zur Kreativität und Vitalität fähig seien. Ihre Antwort darauf war, eine Zuchtauswahl zu betreiben. Nicht mehr so brutal wie zu Adolf Hitlers Zeiten, sondern durch Beeinflussung der Erbsubstanzen, durch Genmanipulation, durch Samenbanken,

durch Zusätze zu den Nahrungsmitteln, die ein Teil der Menschheit vom Fortpflanzungstrieb befreit, während sie die anderen noch freigibt. Eine durchaus nicht mehr auf der Ebene der Utopie angesiedelte Vorstellung. Und, wenn Zufriedenheit das einzige Leitbild der Gesellschaft ist, warum eigentlich nicht? Wenn es nur um Zufriedenheit geht, ja dann macht doch so eine Gesellschaft! Die ist ungeheuer stabil. Da ist jeder auf dem Platz, für den ihn der große staatliche Programmierer vorgesehen hat. Da gibt es keinen Aufstieg, keinen Abstieg. Jeder ist dort, wo er vorgesehen ist. Und sollte es noch Ausfälle geben: Wir haben moderne Psychopharmaka. Und schließlich können wir den Menschen auch noch austauschen.

Wenn Sozialstaat nur Zufriedenheit bedeutet, dann beginnt bei der Erbsubstanz, lest Exemplare aus, die zur Fortpflanzung vorgesehen sind, manipuliert Menschen! Möglich ist das alles. Nur einen Preis müssen wir bezahlen: Auf Freiheit müssen wir verzichten. Dieses Glück ist in dieser Art von absoluter Zufriedenheit nicht erreichbar. Diesen Preis möchte ich nicht zahlen. Deshalb: Freiheit in dem Sinne, daß der Mensch sich selbst bestimmt, Ursache der Handlungen ist, die er seine eigenen nennt, dazu müssen Rechtsstaat und Sozialstaat ihren Beitrag leisten. Der Rechtsstaat mit seinen elementaren Freiheitsrechten, der Rechtssicherheit, der Meinungsfreiheit, der Unversehrtheit der menschlichen Person, der Grenzen der staatlichen Zuständigkeit, der Gewaltenteilung. Aber: Ist diese rechtsstaatliche Freiheit, die nur negativ ist, indem sie ausgrenzt, indem sie abwehrt, ist das schon die ganze Freiheit, die wir uns wünschen? Ist die Freiheit in ihrer Vollendung die Freiheit ohne jede Bedingung, ohne jede Vorgegebenheit? Dann wäre der Idiot der freieste Mensch. Der spürt keine Bindungen, keine Vorgegebenheiten, der lebt ohne Geschichte, im Augenblick. Das kann es also nicht sein.

Ich glaube, wir müssen Freiheit verwirklichen in einem kontingenten System, in Zusammenhängen. Wir können nie bei Null anfangen. Und zu fragen, ob die Vorgegebenheiten für die Menschen erträglich sind, das ist die Frage, die die Freiheit akzeptabel macht. Anatole France hat einmal darauf hingewiesen: Frei sind alle Menschen, unter den Brücken von Paris zu schlafen. Nur: der Bettler muß es, und der König braucht es nicht: absolut gleiche Freiheitsrechte. Es muß Vorgegebenheiten geben, die Freiheit erträglich machen, eine Mindestbedingung von Chancengleichheit.

Ich weiß, daß da meine Christdemokraten schon Gänsehaut bekommen, weil das Wort Gleichheit darin auftaucht. Das muß eine Verwechslung sein. Eine Gesellschaft mit Chancengleichheit ist das Gegenteil einer Gesellschaft, die Ergebnisgleichheit will. Chancengleichheit wird nur sinnvoll, wenn man aus gleichen Chancen Unterschiedliches machen kann. Wenn gleiche Chancen in Ergebnisgleichheit einmünden, ist es keine Chancengleichheit. Ich glaube, daß es ein Minimum an Chancengleichheit geben muß, damit die Ergebnisse freier Entscheidungen, auch eines Leistungswettbewerbs, akzeptabel bleiben; daß die Leistungsgerechtigkeit plausibel bleibt. Ein Leistungsvergleich, bei dem der eine zwei Kilometer Vorsprung hat und der andere eine Kugel ans Bein gebunden erhält, wird nicht als ein leistungsgerechter Laufwettbewerb akzeptiert werden. Es bedarf eines Minimums an Chancengleichheit.

Ich meine damit ausdrücklich nicht die absolute Gleichheit, auch nicht in den Ausgangsbedingungen. Die gibt es nämlich ebensowenig. Und eine Politik, die gleichmachen will, würde uns unserer Individualität berauben. Und ich fürchte, eine Sozialpolitik, die nichts anderes im Sinn hätte, als gleichzumachen, würde den Menschen die Bejahung ihrer eigenen Existenz rauben. Auch den sozial Benachteiligten, denen es zu helfen gilt. Aber nicht mit dem Versprechen, der Sozial-

staat könne alles ausgleichen, was als Benachteiligung definiert ist.
Nehmen wir das Beispiel des Behinderten. All unsere Hilfe, unsere sozialstaatliche Hilfe, soll seine Benachteiligung ausgleichen. Aber wir sind nicht fähig, den Beinamputierten völlig gleichzustellen in allen Lebensäußerungen mit dem, der beide Beine hat. Und ich fürchte, eine Politik, die verspricht, sie könnte jeden Nachteil ausgleichen, die nimmt dem Menschen die Chance, seine Existenz anzunehmen und sich mit seinen individuellen Vorbedingungen produktiv auseinanderzusetzen. Das ist das Versprechen eines außengeleiteten Glückes, das immer eine Illusion war und Benachteiligung definiert vom Blickpunkt des lieben Gottes, den es Gott sei Dank in der Politik nicht gibt. Trotzdem maßen sich das einige an.
Was heißt schon Nachteil? Die europäische Geistesgeschichte wäre ganz anders geschrieben worden, hätte sie nicht wesentliche Beiträge von Menschen erhalten, die in bürokratischen Dimensionen des Sozialstaates als benachteiligt anzusehen waren. Beethoven hat die 9. Sinfonie als Tauber geschrieben, Homer die Odyssee als Blinder, Kant wäre mit Sicherheit in den Besitz des Schwerbehindertenausweises gekommen dank seiner angegriffenen Konstitution. Ich warne davor, einen Einheitstypen als Maßstab des Sozialstaates zu nehmen und jeden, der nicht in dieses Korsett paßt, für benachteiligt zu erklären. Das Ergebnis wäre, daß die Menschen ihr Leben nicht mehr akzeptieren, daß Alter als eine Behinderung gilt. Wir haben Behindertenbegriffe, in denen Alterserscheinungen als Prozentpunkte für den Behindertenausweis gelten. Was ist das für eine Welt? Der 28jährige Zehnkämpfer, olympiareif, das ist die Vollform des Menschen, und wer nicht 100 Meter in 13 Sekunden läuft, der gilt als Außenseiter. Das führt dazu, daß niemand mehr sein Leben, sein Alter, sein Schicksal annimmt

und es wendet, daraus Chancen, Funken seines schöpferischen Beitrages schlägt.
Ich habe damit nicht gegen Hilfe für Behinderte gesprochen. Ich habe aber gegen eine Politik gesprochen, die mit der Verheißung daherkommt, sie würde das Glück dadurch herstellen, daß sie die absolute Gleichheit verwirklicht.
Es gilt, das Maß zu finden, in dem Güter miteinander abgewogen werden. Es scheint mir die größte Kunst, nicht nur des Sozialstaates, Güter miteinander zu versöhnen. Wir erleben heute einen Trend an monokausalen politischen Darstellungen. Die Grünen sind die Prototypen, die Welt zu reduzieren auf monokausale Ursachen. Sie sind deshalb unfähig, Güter abzuwägen. Sie stehen in Versuchung, bei jedem Problem nur die Sonnenseite der Lösung zu sehen, aber nicht den Preis für die Lösung zahlen zu wollen; die Ernte zu empfangen, aber den Acker nicht zu pflügen. Kohlekraftwerke sind zu schmutzig. Atomkraftwerke zu gefährlich. Ja was denn? Wollt ihr mit Sonnenöl, mit Salatöl den Hochofen heizen? Medikamente sollen sicherer werden, aber Tierversuche sollen verboten werden. Ja was denn? Wollen wir sie an Menschen ausprobieren? Ich sehe in dieser Verweigerung von Güterabwägung, auch im Sozialstaat, eine Verweigerung der Realität; einen Ausstieg aus der Wirklichkeit. Die alte Versuchung, die Erde mit dem Himmel zu verwechseln, die alte Versuchung, die eigene schöne Seele für den Kosmos der Welt zu halten. Das ist nichts anderes als eine neue Arroganz, nichts anderes als eine Welt- und Menschenverachtung in neuer Gestalt.
(Die soziale Marktwirtschaft erneuern, Habe & Koehler 1986)

…ch Milch und Honig flossen,
…vor der Illusion, der Staat, die
…nsüchte der Menschen erfüllen.

…n Weg zu einer …n Gesellschaft

…mung ist schlecht. Der Satz …ht besteht ein Zusammen- … Mißmut. »Alles in der Welt … Reihe von schönen Tagen« …s alten Goethe. Und der …ensweisheit in den Satz: …geht er aufs Eis.«

Wir müssen mit etwas zurechtkommen, was es bisher so noch nicht gab: Massenwohlstand. Auch die sozial Schwachen nagen hierzulande nicht am Hungertuch. Wir haben uns einen Sozialstaat eingerichtet, wie es nicht viele seinesgleichen auf der Welt gibt: mit einem ausgebauten System der Arbeitslosen-, Renten- und Unfallversicherung und unter allem das Netz der Sozialhilfe, das Hilfsbedürftige auffängt.

Zwar gibt es Not und auch Verzweiflung mitten unter uns. Aber ein Teil davon ist politisch gar nicht reparierbar. Und wehe uns, wenn die Politik sich anschickt, auch noch die allgemeine Glücksverwaltung zu übernehmen. Ein neuer Imperialismus nach innen könnte schlimmer sein als der alte Imperialismus der Expansion. Unter dem Zeichen des Glücksbringers erzwingt Politik die Abdankung der persönlichen Verantwortung. Alle Nachteile sind dann politische Diskriminierungen, selbst Behinderungen werden mit einem Anspruch versehen, als hätte sie der Staat verursacht. Niemand ist mehr für sich zuständig, alle Lösungen werden von anderen erwartet. Wir sind auf dem Weg in eine therapeutische Gesellschaft.

Wie eine exotische Nachricht mit fast legendenhaftem Unterton liest man im Vorwort des Buches »Eine kurze Geschichte der Zeit« des berühmten englischen Physikers Stephen W. Hawking, der, schwerstbehindert, des Gehens und des Sprechens unfähig, feststellt, er habe Glück gehabt in seinem Leben. Und nach mehreren Gründen liefert er als letzten Beweis: Mit seiner Entscheidung für die theoretische Physik werde er durch seine Handicaps nicht behindert; denn in diesem Beruf spiele sich alles im Kopf ab.

Die therapeutische Gesellschaft dagegen wiegt die Leidensgefährten Hawkings in der trügerischen Hoffnung, die Gesellschaft könne alle Benachteiligungen ausgleichen, und nimmt ihnen deshalb die Chance, ihr Schicksal anzunehmen und es positiv zu wenden. Unzufriedenheit kann nicht nur das Ergebnis von Untererfüllung, sondern auch von Übererwartung sein.

Es gibt mehrere Versuche, diesem Dilemma auszuweichen. Man steigt aus der Therapieabteilung aus und ersetzt sie durch permanente Diagnose, Analyse, Prognosen, Szenarien. Die haben Hochkonjunktur. Es ist langsam so wie in der Medizin. Wir wissen immer besser, an welchen Krankheiten wir sterben, aber wir sterben trotzdem.

Die Diagnostiker der Politik haben ihr Hauptlager in der öffentlichen Meinung. Es genügt dem Kommentator, die Ursachen der Übel zu benennen. Wie sie beseitigt werden können, interessiert weniger. Denn dann, ja dann müßte man sich ins Detail begeben und möglicherweise Alternativen ausschließen.

Mit etwas Moralin angereichert und mit Betroffenheitspathos untersetzt, genügt unserer Öffentlichkeit die Benennung des Übels und nötigenfalls der Ziele. Den Weg zwischen Übel und Ziel überläßt man der Politik.

Ich neide diesen Teilnehmern an der öffentlichen Diskussion ihren Intellektualitäts- und Engagementsbonus. Wo ist denn einer, der sie fragt: Wie machen wir es?

Beispiel: Kernenergie zu gefährlich, Kohle zu schmutzig, Öl verseucht die Weltmeere, Windenergie zu wenig, Sonnenenergie noch nicht reif. Was tun? Man muß sich entscheiden, jetzt. Und keine Entscheidung ist ohne Risiko.

Ich gebe zu: Die Politik des Machens, die den Abstand zwischen Zustand und Ziel überwindet, ist langweiliger als die Politik der Beschwörung. Aber auf der Entdeckungsreise vom südspanischen Palos nach Amerika mußte Christoph Kolumbus auch große Strecken der Langeweile ertragen. Unsere Politik dagegen ist aufregungsgeil und verliert deshalb Ausdauer zum Ziel.

Wenn ich für eine Politik der Praxis eintrete, dann nicht für eine kopf- oder ziellose Praxis, aber gegen die arrogante Bescheidenheit, Politik auf Zustandsbeschreibung und Zielbeschwörung zu beschränken. Der Weg dazwischen hat ein mieses Image. Das ist schädlich für die Politik des Alltags.

In den sechs Jahren der Regierung Kohl haben wir uns in dem schwierigen Feld zwischen Zustand und Ziel bewegt; weder ziel- noch erfolglos. Ich behaupte nicht, daß unsere Politik fehlerfrei war, aber wir sind vorwärtsgekommen. Der CDU fehlt die Begabung, bei Erfolgen so lange zu verweilen, bis sie sich in das Bewußtsein der Öffentlichkeit eingenistet haben, und so überquert sie Ziellinien in der Hast zur nächsten Forderung. Das erste Erziehungsjahr im Rentenrecht war in den Köpfen der Leute zum Beispiel noch gar nicht angekommen, da stritten wir schon um das dritte. Wir sind auf der Flucht vor unseren eigenen Erfolgen.

(Die Welt, April 1989)

Den Deutschen geht es gut. Sie jammern auf hohem Niveau. Zwei Jahre vor der Wiedervereinigung fragt Norbert Blüm besorgt: Sind wir noch zu Umstellungen fähig?

Wir schlürfen die Katastrophen wie Cocktails

Wende ist ein Wort, in dem die Erwartungen an unsere Regierungen sich niederschlugen. »Wende« wurde auf jeder Ebene beschworen, vom Stammtisch bis zum Akademiepodium. Mir war das, was das Wort bezeichnen sollte, immer etwas zu akrobatisch. Ich ziehe lieber in einer großen Kurve am Abgrund vorbei, als mich nach rasanter Vollbremsung rückwärts von der Absturzstelle zu entfernen. Umbau, nicht Abbau ist das Programm der Umstellung. Aber sind wir überhaupt noch umstellungsfähig?

Veränderungen gab es immer, und mit manchen Veränderungen begann sogar eine neue Epoche. Einschneidende Veränderungen waren immer Antworten auf große Herausforderungen. Die Umstellung, die uns abverlangt wird, folgt der Einsicht, daß die Zukunft nicht einfach Fortsetzung der Gegenwart sein kann. Ein einfach fortgeschriebener Sozialstaat würde unbezahlbar, lähmte Selbsthilfe und spontane Solidarität, kippte um in die Versorgungsgesellschaft.

Aber Umstellung, die uns abverlangt wird, folgt nicht unmittelbar elementarer Not. Entscheidungen unter vitaler Existenznot waren möglicherweise leichter. Wir jedoch stellen nicht unter vitaler Existenznot um, wie in früheren Zeiten, sondern unter der Last der Verantwortung für die Zukunft.

Die Antworten auf die großen Katastrophen der Vergangenheit standen unter dem Zwang der augenblicklichen Rettung. Diese Gefühle haben die Menschen in Wohlstandsgesellschaften nicht.

Leidet darunter unsere Reformfähigkeit? Aber wir können uns ja keine Katastrophen wünschen, um wieder veränderungsfähig zu werden.
Also muß die Vernunft ersetzen, was der Überlebenswille in der Vergangenheit besorgte. Nur: Die Vernunft ist ein Waisenkind im Interessengerangel. Lautstärke wird mit dem Gewicht der Argumente verwechselt. Das Spektakel trägt die Züge einer Traumreise, die von der Härte der Realität nicht erfaßt ist.
Wir haben es mit einem umherschweifenden Einfallsreichtum zu tun, dem die Unfähigkeit anhaftet, an einem Konzept festzumachen. Es fehlt nicht an Einfällen und Einwänden. Und wie im Feuerwerk tauchen täglich neue funkelnde Ideen auf, die schon wenig später wieder im Dunkel der Vergessenheit verschwunden sind. Eine Opposition kann zur Not so Politik machen, eine Regierung nicht.
Die wachsende Diskussionswut könnte auch Signal einer zunehmenden Entscheidungsfeigheit werden. Es ist leichter, Worte auszuwechseln als Besitzstände anzugehen. Es beginnt das Zeitalter der Besprecher. Bearbeiter werden gesucht. In den Turbulenzen einer flatterhaften Aufgeregtheit verschwinden die großen Linien, und die Bürger merken gar nicht die Inkonsequenzen und Diskrepanzen der Selbsteinschätzung ihrer Lage.
Da entsteigen zum Beispiel die Urlauber braungebrannt Chartermaschinen und berichten euphorisch von ihren Erlebnissen, zu denen pralle Vitalität südlicher Städte ebenso gehören wie skandinavische Einkaufsgewohnheiten, die beide nicht durch das enge Reglement deutscher Ladenschlußzeiten beschränkt werden. Aber anschließend marschieren sie hierzulande wieder im Demonstrationszug gegen einen bescheidenen Dienstleistungsabend mit, den sie als offenen Ladenschluß gerade eben im Urlaub in vollen Zügen genossen haben.

Während die Lage im allgemeinen objektiv gut ist, pflegen wir finstere Untergangsgefühle. Wir hätscheln die Risiken und verpassen die Chancen. Die Wirklichkeit entwickelt sich so, wie wir sie sehen wollen. Wir tappen in die Fallen unserer eigenen Ängste. Die sich selbst erfüllenden Prophezeiungen lenken die Ereignisse. Man erlebt das, was man erwartet. Wer glaubt, daß der Verkehr in seiner Stadt schlecht geleitet und organisiert ist, übersieht die fünf grünen Ampeln, die ihm freie Fahrt gewähren, um bei der sechsten, die auf Rot steht, die Bestätigung seines Vorurteils zu erhalten. Wir schlürfen die Katastrophen wie die Cocktails und richten uns sozial gesichert, manchmal sogar beamtenhaft abgestützt, im Untergang ein. Das neue Gesellschaftsspiel heißt: »Titanic im Trockendock«.

Lange Zeit haben die Kabarettisten ihren Spott über die Ja-Sager ausgegossen. Vielleicht übernehmen bald die Nein-Sager die Rolle der Opportunisten. Es wird bequemer, nein zu sagen. Was alles nicht gemacht werden darf, läßt sich schnellzüngig aufzählen. Einsprüche sind wohlfeil. Zustimmung wird zur Mutprobe. Schon fast mutig das Bekenntnis zu unserer Republik – sie ist verbesserungsfähig, aber auch verbesserungswürdig.

(Die Welt, 7. Oktober 1988)

Kein politisches Unternehmen der 80er Jahre muß durch solche Interessengegensätze gesteuert werden wie die »Gesundheitsreform '89«. Der Veitstanz der Lobbyisten gerät zum Inferno. Hauptsache dagegen! Norbert Blüm schlägt zurück.

Der Zug fährt auf den Abgrund zu

Der Hexentanz um die Gesundheitsreform ist entbrannt. Hauptsache: Dagegen.

Die einen rufen: Zu wenig! »Reförmchen« beliebte der Präsident der Arbeitgeber offenbar vom hohen Roß herab das Vorhaben zu bezeichnen. Zu viel, zu viel! schreien andere.

Die einen kritisieren: Nur die Versicherten werden zur Kasse gebeten. »Die Arbeitnehmer müssen die Zeche zahlen«, behauptet der DGB. Anders Ärzte, Zahnärzte, Pharmaindustrie, Taxiunternehmer, Optiker. Sie sehen hauptsächlich sich, manche sogar sich allein betroffen. Wie auch immer: Alles kann nicht gleichzeitig stimmen. Macht nichts. Hauptsache: Dagegen.

Das Krankenhaus sei ausgeklammert, deshalb sei die Reform schlecht – behaupten die Ärzte; ihre Standeskollegen im Krankenhaus befürchten dagegen einen »erheblichen Flurschaden« und kündigen den Verlust von 20 000 Arbeitsplätzen im Krankenhaus an.

Beide behaupten zwar jeweils das Gegenteil. Macht nichts. Sie unterschreiben zusammen den Protest gegen Blüm. Hauptsache: Dagegen.

Die Krankenkassen vermuten, der Spareffekt der Reform sei überschätzt. Die Pharmaindustrie erwartet größere Einbußen. Beide unterstellen dem Arbeitsministerium unseriöse Rechnungen. Unterschätzt oder überschätzt. Macht nichts. Hauptsache: Dagegen.

Blinder Eifer schadet nur, weiß der Volksmund zu berichten, und Pharmavertreter bestätigen ihn. In einem wutschäumenden Angriff heißt es: »Die Rechnung des Bundesarbeitsministeriums stimmt vorn und hinten nicht. Es sei denn, bei seiner Methode ist 1 x 1 = 3 und nicht 2, wie bei jedem, der in der Schule einmal rechnen gelernt hat.« In meiner Dorfschule war 1 x 1 = 1. Fanatismus ist eine Denkstörung. Macht nichts.

Der Zentralverband des Deutschen Handwerks stöhnt unter der Last der Lohnnebenkosten. »Herunter mit den Beiträgen«, fordert er zu Recht.

Gleichzeitig und ohne rot zu werden, wendet er sich gegen »die vorgesehenen Maßnahmen in den Bereichen Augenoptik, der Hörgeräte-Akustik, beim Zahnersatz sowie bei der Orthopädie und Orthopädie-Schuhtechnik«. Merke: Es sind damit exakt die Interessenbereiche der eigenen Mitgliederverbände beschrieben, die geschont werden sollen.

Heiliger Florian, schütze unser Haus, steck das des Nachbarn an.

Es war in einer Wahlversammlung in Baden-Württemberg. »Wo ist die Wende?« rief er unter brausendem Beifall in den Saal. »Viel tiefer einschneiden!« schrie er.

Man sah fast das Messer zwischen seinen Zähnen blitzen. Er konnte sich der Zustimmung gewiß sein. Und dann im zweiten Teil seines glanzvollen Diskussionsbeitrages riet er »dem Blüm«, nun endlich die Ärzte und Zahnärzte in Ruhe zu lassen.

Jawohl, »alles Sozialismus«. Zu hohe Lohnnebenkosten: Sozialismus. Sparen bei Ärzten und Zahnärzten: Auch Sozialismus. Bravo!

Heiliger Florian …

Ja, der Teufel ist los.

Taxifahrer indoktrinieren Fahrgäste gegen die Reform. Ärzte funktionieren ihre Wartezimmer zu Litfaßsäulen um und plakatieren gegen die Reform. Apotheker verteilen Flugblätter: »Wer jetzt krank wird, kann sich gleich erschießen.« Die deutschen Arzneimittelhersteller verkünden in millionenschweren Anzeigen: »Keine neuen Medikamente gegen Krebs und AIDS aus Deutschland.«

Ein Verband versetzt seine Mitglieder in Schrecken mit der Ankündigung: »Englische Verhältnisse, nämlich wer unter 12 oder über 55 Jahre ist, muß sterben.«

Alles ist erlaubt! Ist alles erlaubt?

Und wenn gar nichts mehr hilft und kein Vorwurf grob und keine Gemeinheit groß genug ist, dann helfen bekanntlich nur noch Vergleiche mit den Nazis. »Ermächtigungsgesetz« nannte der Vorsitzende des Freien Verbandes der Zahnärzte den Gesetzentwurf. Und ein anderer Verband sprach von »Blüms schleichendem Euthanasieprogramm«.

Alles ist erlaubt! Ist alles erlaubt?

Mit der Angst um den Tod Politik treiben. Das Wartezimmer, in dem Menschen auf Hilfe warten, zur Arena der Auseinandersetzung machen. Gegner mit Naziverbrechern vergleichen: Ja, die Sitten verfallen.

Aber der Sozialstaat bedarf des Ethos, nämlich jener ungeschriebenen Regeln und nicht paraphierten Einstellungen, die uns das Mit- und Gegeneinander erleichtern. »Das tut man nicht«, beschrieb meine Mutter diese Grenze. Sie wußte es nicht aus Büchern. Sie war eine einfache Frau. Aber sie wußte, was offenbar Verbandsfunktionäre nicht mehr wissen.

Ich bin sicher, Tausende von Ärzten, die übergroße Mehrheit, dienen wie immer auch weiterhin mit Leib und Seele den Kranken. Aber ebenso sicher bin ich, daß im Funktionärsstamm ihrer Verbände sich längst Durst nach Herrschaft ausgebreitet hat.

Das Heer jener Verbandsfunktionäre wächst, die jene Bedürfnisse erst schaffen, deren Nichterfüllung ihnen zu ihrer

klageerfüllenden Existenzsicherung verhilft. Klagen und protestieren ist eine schicke, lukrative gesellschaftliche Unterhaltung geworden.
Die Verbände übernehmen die Herrschaft. Und der Staat wird zum Notar, der lediglich das Ergebnis der Kungelei beglaubigt. Das Gemeinwohl geht ins Exil.
Während wir, noch in den Denkgewohnheiten des vorigen Jahrhunderts eingeübt, auf die Macht des Kapitals fixiert sind, hat sich längst hinter dem Rücken des Verfassungsrechts die neue Macht von Verbänden etabliert. Der Staat gerät in Gefahr, zum Lehen von Verbandsgnaden zu werden. Die Parteien stehen in der Versuchung, zur Fortsetzung der Verbände mit anderen Mitteln zu degenerieren.
So wie einst das Eigentum unter Sozialpflichtigkeit gezwungen wurde, so müssen die Verbände heute unter den Anspruch des Gemeinwohls gebracht werden.
Wir brauchen eine Umkehr der Beweislast. Nicht der Staat soll erklären, daß er die Interessenten befriedigt, sondern die Interessenverbände müssen beweisen, daß sich ihre Forderungen ins Gemeinwohl einfügen.
Pluralismus ist nicht der Naturschutzpark des Gruppenegoismus.
Die Krankenversicherungsreform ist nicht durch eine große Alternative gefährdet, sondern durch die Summe der kleinen Einsprüche. Aus den vielen Vetos entsteht die Fessel der Unbeweglichkeit.
Der Staat ist mehr als die Aneinanderreihung von Verbänden. Und das Gemeinwohl ist mehr als der Katalog der Forderungen.
Umstellungen von bisher unbekanntem Ausmaß stehen uns ins Haus. Der Gefälligkeitsstaat schafft sie nicht.
Weder die Klassenparteien des 19. Jahrhunderts noch die Klientel-Parteien werden den Herausforderungen gewach-

sen sein. Sie verwechseln beide ihre Scheuklappen mit Sehhilfen.
Parteien, Parlament und Regierungen bedürfen einer neuen Kraftanstrengung zu einer Souveränität, die uns vor einer meinungsbefragten Liebedienerei vor den Königsthronen der medienstarken Verbände bewahrt. Das gilt für alle Parteien.
Es ist nicht gut, wenn die F.D.P. in Zahnärztezeitschriften annonciert: »Unsere Gegner beschimpfen uns als Zahnärztepartei – wir haben nichts dagegen« – und in der Anzeige gleich das Spendenkonto mit angibt.
Die Krankenversicherungsreform wird nicht meistbietend versteigert.
Warum spricht kein Verband davon, daß wir den Schwer- und Schwerstpflegebedürftigen besser helfen wollen? Weil sie still sind.
Aber schlimm wäre es um uns bestellt, wenn Politiker nur auf Lautstärke reagierten. Der wahre Kern der neuen sozialen Frage ist die Sorge um die still Leidenden und Benachteiligten. Ihre politische Sprachlosigkeit ist eine Quelle ihrer Zurücksetzung. Die neuen Maschen des sozialen Netzes bestehen in den Lücken des Kommunikationsnetzes. Wer da durchfällt, ist von Vergessenheit bedroht. Deshalb handeln wir auch für jene, die sich nicht auf dem Marktplatz zu Wort melden und Rabatz machen können.
Recht hat nicht der, der am lautesten schreit.
(Spiegel, 4. März 1988)

Im Frühjahr 1992 wird Horst Seehofer in der Zuständigkeit für die Krankenversicherung Nach-Nachfolger von Norbert Blüm. Dieser wünscht ihm von Herzen: Mach's gut!

Brief an den neuen Gesundheitsminister Horst Seehofer

Ich wünsche Dir für Dein neues Amt eine dicke Haut und ein weiches Herz. Eine Hornhaut brauchst Du, um nicht von einem kratzbürstigen Lobbyismus aufgerieben zu werden – und ein weiches Herz für die, die wirklich in Not sind. Laß Dich im Hexenkessel der Interessenkämpfe nicht verhärten. Man kann es nicht allen recht machen. Im Gerangel des Gruppenegoismus muß ja auch noch jemand dasein, der für das Allgemeinwohl zuständig ist. Das ist Deine Aufgabe.

Nicht bei jenen, welche am lautesten schreien, ist auch die Not am größten – die Hilfsbedürftigen sind oft ganz still.

Wenn Du es schaffst, Verschwendung und Überversorgung im Gesundheitssystem weiter abzubauen, das Krankenhaus zu reformieren, die Medikamentenflut einzudämmen, beschaffst Du Geld für die Pflegebedürftigen. Denen zu helfen, die bisher vernachlässigt oder vergessen wurden, ist ein gutes Werk. Abbau von Überversorgung zugunsten des Abbaus von Unterversorgung, das ist der notwendige Umbau des Sozialstaats, und darum geht es. Nicht um mehr oder weniger Sozialstaat, sondern ganz einfach um mehr Gerechtigkeit.

Du wirst es schaffen. Ein schwankendes Rohr im Wind warst Du nie. Ich wünsche Dir, daß Du, wenn es kritisch wird, nie ohne Freunde bist.

(Bild am Sonntag, Mai 1992)

Im Herbst 1989 feiert die Bundesrepublik Deutschland (West) ihren 40. Geburtstag. Sie ist Sozialstaat. Was heißt das? Zum Jubiläum ein Antwort-Versuch.

40 Jahre Sozialstaat – Erfolgsgeschichte mit Zukunft

Die Bundesrepublik wird 40 Jahre alt, und mit ihr unsere Verfassung. Das Grundgesetz hat den Sozialstaat nicht erfunden, aber es hat ihn als Gebot rechtlich verbindlich konstituiert. 40 Jahre Bundesrepublik sind deshalb vier Jahrzehnte sozialstaatlicher Entwicklung und keine umfassende historische Beschreibung des Sozialstaates. Seine Wurzeln reichen sehr viel tiefer. Im Sozialstaat begegnen sich diametrale geistesgeschichtliche Elemente. Seine Traditionen gründen sich auf Adolph Kolpings Gesellenverein ebenso wie auf Ferdinand Lassalles allgemeinen deutschen Arbeiterverein. Im Sozialstaat finden wir Spuren christlicher Soziallehre und Ausprägungen einer säkularen Fürsorge.

Im Sozialstaat ergänzen sich Barmherzigkeit und Gerechtigkeit. Diese Kombination erläutert, weshalb Sozialstaat mehr ist als Caritas, mehr ist als die bloße Linderung von Not und Elend. Als Johann Heinrich Wichern im letzten Jahrhundert in Bethel seine »Stadt der Barmherzigkeit« aufbaute, war dies Reaktion auf ein Staatsverständnis, das soziale Wohlfahrt nicht zu seinen klassischen Aufgaben zählte. Die Gewerkschaften waren in ihrem Ursprung Nothilfe und Schutzorganisationen, weil der Staat als sozialer Beschützer ausfiel. Soziale Strukturen entwickelten sich neben dem Staat, teilweise auch gegen den Staat.

Bismarcks Sozialgesetzgebung im Anschluß an die Kaiserliche Botschaft vom 17. November 1881 brachte eine deutliche Akzentverschiebung. Der Staat organisierte erstmals in großem Umfang über die im Preußischen Allgemeinen Landrecht vorgezeichneten rudimentären Anfänge hinaus eine soziale Absicherung gegen die großen Lebensrisiken. Das waren gewissermaßen sozialstaatliche Gehversuche, die sich vor allem in der Weimarer Zeit fortentwickelten und an Kraft gewannen.

Ständiger Gestaltungsauftrag

Was aber ist Sozialstaat heute? In Artikel 20 Absatz 1 des Grundgesetzes heißt es schlicht: »Die Bundesrepublik Deutschland ist ein demokratischer und sozialer Bundesstaat.« Anders als die Postulate der Rechtsstaatlichkeit oder Bundesstaatlichkeit ist die verfassungsrechtlich verbindliche Festlegung der Staatsgewalten auf soziales Handeln ein Novum des Bonner Grundgesetzes. Wo die Spärlichkeit des Verfassungstextes zu einer Beliebigkeit seiner Interpretation einlädt und zugleich die ideengeschichtliche Verwurzelung durch ihre Streubreite mehr Fragen stellt, als sie Antworten gibt, bereitet schon die Definition des Sozialstaatsgebotes Probleme. Für den Parlamentarischen Rat war die Festlegung der Staatsgewalten auf soziales Handeln offenkundig ein Ausfluß der alten sozialen Frage. Der bürgerlich-liberale Rechtsstaat sicherte dem Bürger die Freiheit seines Tuns. Grundrechte waren Abwehrrechte gegen den Staat. Da sich aber im Zuge der Industrialisierung gezeigt hatte, daß die Summe der Wahrnehmung einzelner Freiheitsrechte gesamtgesellschaftlich keineswegs zu einem Gleichgewicht führte (im Gegenteil: die Zerstörung traditioneller Familienstrukturen neue Ungleichgewichte brachte), bedurfte es eines staatlichen Korrektivs.

Dieses Korrektiv gewann seine Konturen erst allmählich im »Schritt für Schritt« der sozialpolitischen Entwicklung. Das Sozialstaatsgebot unserer Verfassung setzte dann – wie Roman Herzog sagt – den verfassungsrechtlichen Schlußstein. Sozialpolitisch ist dieser »Schlußstein« allerdings nichts weiter als die verfassungsrechtliche Grundlage für einen dynamischen Prozeß: Es gibt im Sozialstaat kein Endziel. Das einzig Gewisse ist, daß wir Perfektion nie erreichen. Sozialstaat ist ein Gestaltungsauftrag in Permanenz. Er schöpft aus dieser Dauerhaftigkeit auch seine Kraft. Denn anders als bei Sisyphus baut die sozialstaatliche Entwicklung stets auf Vorherigem auf. Sie hat nie Gelegenheit zum völligen Neuanfang, sondern immer nur zur Fortentwicklung.
Der Sozialstaat soll auch heute den Schutz des sozial und wirtschaftlich Schwächeren garantieren und einen Abbau sozialer Ungerechtigkeit vornehmen. Sozialstaatlichkeit beinhaltet demnach die Verpflichtung zu einer Umverteilung: Der Staat nimmt Korrekturen der Ergebnisse vor, die ein freies Spiel der Kräfte zustande bringt.

Freiheitlicher Sozialstaat

Allerdings wäre es ein Trugschluß, Sozialstaatlichkeit deshalb als Nivellierungsgebot hin zur Gleichheit aller Bürger zu begreifen. Denn das Grundgesetz verlangt den freiheitlichen Sozialstaat. Einerseits schuldet er jedem Bürger die grundlegenden Lebensbedingungen. Diese Schuld steht andererseits immer unter dem Gebot der gleichzeitigen Schaffung der existentiellen Voraussetzungen für die Entfaltung von Freiheit. Ziel des Sozialstaates kann folglich nicht der allumfassend versorgte und betreute Mensch sein. Denn der einzelne muß die Verantwortung für sich selbst behalten. Das setzt voraus, daß er auch das primäre Verwertungsrecht

an den Ergebnissen seiner Anstrengungen hat. Der Sozialstaat ist kein gigantischer Fonds, in den jeder nach seinen Fähigkeiten alle Anstrengungen einzubringen hat und der dann jedem nach vordefinierten Bedürfnissen Leistungen zuteilt.
Soziale Rechte stehen dem einzelnen gegenüber dem Staat in zweifacher Hinsicht zu: zunächst als Leistungsanspruch zur Sicherung seiner Existenz. Darüber hinaus aber auch – heute mehr als in der Vergangenheit – das Recht, den staatlichen Zugriff auf das durch eigene Anstrengung Erworbene begrenzt zu sehen. Für die Sozialpolitik konkretisiert sich dieser Grundsatz einerseits in der ständigen Frage, wo ein staatlicher Handlungsbedarf für sozialpolitische Leistungen besteht. Die Suche nach sozialen Defizitbereichen muß allerdings einhergehen mit dem Versuch einer Kompensation der damit verbundenen Mehrbelastungen. Denn Sozialpolitik darf nicht mißverstanden werden als ausschließliche Expansion. Sie muß auch stets Bestehendes auf seine Plausibilität hinterfragen.
Was früher zur Behebung von verbreitetem Elend erforderlich war, muß in einer Zeit des Massenwohlstands nicht notwendig sinnvoll bleiben. Denn eine Beibehaltung eines immer gleichen Maßstabes hieße nicht allein, uns fälschlich zu einer Gesellschaft der Elenden umzudeuten, sondern würde Umverteilung im Kreisverkehr organisieren: von den Gutsituierten zu den Wohlhabenden, von der rechten in die linke Tasche derselben Hose.
Sozialstaat ist nicht Beschränkung staatlichen Handelns auf die Beseitigung von Hunger und Not, aber auch nicht das Ersetzen persönlicher Verantwortung durch das Handeln des Staates. Im Sozialstaat geht es um das Prinzip der verantworteten Freiheit, die Bindungen anerkennt und Solidarität nicht auf das Nehmen beschränkt, sondern auch das Geben einfordert. Die Bereitschaft zum Geben ist dann die Vor-

aussetzung für einen Anspruch auf das Nehmen, wenn solidarische Hilfe benötigt wird.

Wird hingegen die sozialstaatliche Perspektive auf das Nehmen reduziert, kommt ein Prozeß der schleichenden Entsolidarisierung in Gang, der sich in die Sympathien der Bürger einschmeichelt, indem er sich von einer oft unbequemen Verantwortung für andere und für sich selbst entbindet.

(Deutscher Wirtschaftsverlag, Dezember 1988)

VII.

»Jugendmimikry bestimmt die Mode«

– Über das Alter –

Norbert Blüm kämpft für die Pflegeversicherung. Aus Überzeugung. Die sozialpolitische Schieflage, mit der der Sozialstaat auf unterschiedliche Lebensrisiken antwortet, regt ihn auf.

Eine neue Stütze für die Sozialstruktur

Für vieles hat unser Sozialstaat gut gesorgt. Auf das Alter und das Invalidenrisiko antwortet er mit Rentenversicherung; auf die Arbeitslosigkeit mit Arbeitslosenversicherung; für das Risiko der Krankheit hat er ein ausgebautes System der Gesundheitsvorsorge, der Prophylaxe, der Rehabilitation und der medizinischen Versorgung geschaffen.
Auf die Pflegebedürftigkeit dagegen antwortet der Sozialstaat bis zum heutigen Tage mit vielen Worten, aber voller Ungereimtheiten und mangelhaft. Ein Schlaganfallpatient zum Beispiel, der ins Krankenhaus eingewiesen wird, erhält dort alle medizinischen Leistungen, wird durch Rehabilitation reaktiviert und erhält dazu seine Rente ungeschmälert. Ein anderer, vielleicht sein Nachbar, der mit einem Schlaganfall ins Pflegeheim eingewiesen wird, wird Sozialhilfeempfänger, behält von seiner Rente nur noch ein Taschengeld und verweilt wahrscheinlich bis zu seinem Tod im Heim.
Für Bagatellen mobilisieren wir die Solidarität. Auf die große Last der Pflege, die den einzelnen überfordert, antworten wir dagegen mit der Empfehlung zur eigenen Vorsorge. Das ist eine sozialpolitische Schieflage. Fingerschienen, die ein paar Pfennige kosten, werden auf Krankenschein geliefert. Fango-Packungen – jedem sei eine gegönnt – werden mit Krankenversicherungsbeiträgen finanziert. Wenn jedoch jemand von der Pflegebedürftigkeit getroffen wird und im Heim untergebracht werden muß, dann geht es

nicht um ein paar Mark, sondern um 3000 oder 4000 DM – und zwar Monat für Monat. Kein Heimaufenthalt kann im Normalfall mit einer Rente finanziert werden. So wird die Sozialhilfe zur Regelsicherung der Pflegebedürftigen. Dafür war sie nicht gedacht.

Die Pflegebedürftigkeit wird zur großen Nivellierungswalze. Egal ob jemand ein Leben lang gearbeitet hat oder nicht: Im Pflegefall werden alle gleichgemacht. Von der sauer erarbeiteten Rente bleibt nichts, und von dem am Munde abgesparten eigenen Haus bleibt auch nichts mehr. Die Sozialhilfe nimmt beides in Anspruch.

Nach über 20 Jahren Diskussion stehen jetzt zwei Modelle zur politischen Entscheidung: eine private Pflegeversicherung oder eine Sozialversicherung. Die Privatversicherung kann auf zwei Solidaritätsfragen nur ungenügend antworten.

1. Sie ist nicht in der Lage, für die unteren Einkommensbezieher einen sozialverträglichen Beitrag anzubieten. Sie ist auf Beitragssubventionen angewiesen.

2. Die Privatversicherung kann aus eigener Kraft für die jetzt Pflegebedürftigen keine Leistung anbieten.

Der originellste Vorschlag zur Pflegeproblematik stammt von der F.D.P. Sie will die private Pflichtversicherung mit einem Einheitsbetrag, also einer Kopfpauschale, ausstatten. Ein Einheitsbetrag ist nicht sozial, denn er belastet die Geringverdienenden stärker als die Höherverdienenden. Ein Einheitsbetrag widerspricht allerdings auch den bewährten Prinzipien der Privatversicherung, die bekanntlich risikoadäquate Beiträge einfordern. Ein Einheitsbetrag ist weder sozial noch liberal. Er ist sozialpolitisch nicht Fisch und nicht Fleisch.

Eine Privatversicherung, die als Pflichtversicherung in Anspruch genommen wird, kann sich ihre Kunden nicht aussuchen. Sie unterliegt dem Kontrahierungszwang. Also muß die private Pflichtversicherung in einen gigantischen Finanzausgleich gezwungen werden, der ihrer Konstitution widerspricht. Denn der Vorteil der Privatversicherung liegt gerade darin, daß sie in einem ausgebauten Wettbewerbssystem maßgeschneiderte Angebote machen kann, welche die Marktlücken ausfüllen. Sie baut auf der solidarischen Basissicherung auf, kann sie allerdings nicht ersetzen.

Über vier Jahrzehnte haben wir in der westdeutschen Sozialpolitik die Grenzen zwischen Solidar- und Privatversicherung gegen alle verteidigt, die durch Vermischung einer allgemeinen Kollektivierung der Sozialrisiken den Weg bahnen wollten. Soll jetzt aus Anlaß der Pflegeversicherung in der allgemeinen Torschlußpanik ein großes sozialpolitisches Kuddelmuddel entstehen?

Ein Umlagesystem funktioniert nach dem Solidaritätsprinzip, das die Lasten gerecht verteilt, weil es einkommensproportionale Beiträge anbietet und niemand mehr abverlangt, als er zu tragen in der Lage ist. Das Solidarprinzip darf sich allerdings nicht zur Rundumversorgung entwickeln. Deshalb ist es auf Beitragsbemessungsgrenze und Beschränkung auf das unausweichlich Notwendige angewiesen.

Es geht in der Pflegeversicherung nicht um die alte Geldverteilungsmaschine, sondern um eine neue Stütze für eine Sozialkultur, in der die Generationen beieinandergehalten werden und so die Gesellschaft vor einer allgemeinen Verheimung geschützt wird. Deshalb muß eine Pflegeversicherung mit der ambulanten Infrastruktur beginnen. Tagespflege, Kurzzeitpflege, ambulante hauswirtschaftliche Dienste, Sozialstationen, Notrufeinrichtungen helfen den Menschen, die vertrauten vier Wände so lange wie möglich zu erhalten. »Einen alten Baum verpflanzt man nicht« ist mehr als eine Weisheit für Baumschulen.

Wir wollen auf der grünen Wiese auch keine neue Sozialversicherungsinstitution aus dem Boden stampfen. Die Pflegeversicherung soll unter dem Dach der Krankenversicherung angesiedelt werden. Zwischen Langzeiterkrankungen und Pflegebedürftigkeit lassen sich sowieso in der Realität des Lebens die Grenzen weniger scharf ziehen, als die Paragraphenfetischisten annehmen. Das neue Angebot einer solidarischen Pflegeversicherung darf nicht zu einem Kompetenzstreit auf dem Rücken der Betroffenen führen. Ein Nebeneinander von privater Pflicht-Pflegeversicherung und gesetzlicher Krankenversicherung würde jedoch den permanenten Zuständigkeitskonflikt ins System einbauen.

Die Finanzierung der Pflegeversicherung muß durch Umbau unseres Sozialstaates geleistet werden. Wir müssen Überversorgung abbauen, um Unterversorgung beseitigen zu können. Wer die Alternativen nur in »mehr« oder »weniger« Sozialstaat sieht, manövriert uns in das sozialpolitische Nirwana. Ein einfaches Mehrausgeben geht nicht mehr. Ein einfaches Kürzen ist ohne jede Plausibilität.

Werden wir die Kraft zum Umbau haben? 500 Milliarden DM beträgt das Finanzierungsvolumen unseres beitragsfinanzierten Sozialversicherungssystems. 25 Milliarden soll die neue Pflegeversicherung kosten. Ich bin sicher, wenn wir allein dem Mißbrauch und den Mitnahmeeffekten – bei Versicherten wie Leistungsträgern – stärker Paroli bieten würden als bisher, wäre die ganze Pflegeversicherung schon bezahlt.

(FAZ, 22. April 1992)

Am selben Tag, als die »Rentenreform '92« vom Bundestag verabschiedet wurde, öffnet sich die Mauer. Das große sozialpolitische Reformwerk, wie durch ein Wunder im Konsens mit der SPD geschafft, fällt durch die Medien. Wer erinnert sich noch an Anlaß und Inhalt?

Die Rentenreform – Gemeinsamkeit, die Vertrauen schafft

Der 9. November 1989 war in der Geschichte der Bundesrepublik Deutschland aus zweierlei Gründen ein historischer Tag: In erster Linie wegen der Öffnung der Mauer zur DDR, womit der Weg zur staatlichen Einheit Deutschlands eingeleitet wurde, zum anderen aber auch, weil an diesem Tag das Rentenreformgesetz '92 vom Deutschen Bundestag in 2. und 3. Lesung mit großer Mehrheit beschlossen wurde.
Unsere Rentenversicherung bestand zu diesem Zeitpunkt genau 100 Jahre. Sie hat sich in den mittlerweile 101 Jahren ihres Bestehens als segensreich erwiesen. Die Rente hat dabei alle Schicksalsschläge und Katastrophen unseres Jahrhunderts überlebt: zwei furchtbare Weltkriege, zerstörte Städte, die Teilung unseres Vaterlandes, Inflation und Währungsreform.
»Rente« ist eine der großen Solidarleistungen. Sie ist mehr als eine Verteilungsmaschine, und sie bietet mehr als materielle Sicherheit. Sie ist gestaltgewordene Generationensolidarität.
Rentenversicherung ist nichts für Tagespolitik und nichts für eine Politik von der Hand in den Mund. Sie gliedert sich in Lebensverläufe und -erwartungen ein. Die Rente ist Generationenwiderstand gegen die Versuchung zum Egoismus. Sie folgt den großen Weisheiten des Volkes. Im Verhältnis zu

den Alten offenbart sich die Kultur jeder Zeit. »Du sollst Vater und Mutter ehren, auf daß du lange lebst auf Erden.« Das ist uns nicht nur ein biblisches Gebot, sondern eine Volksweisheit, gespeist aus der Erfahrung von Jahrhunderten.

Rentenkonsens

Deshalb ist es gut, daß es gelungen ist, alle Kräfte für eine große Renteneinigung zu mobilisieren. Das Ergebnis der Anstrengung ist ein Konsens von SPD, F.D.P., CDU/CSU, der Sozialpartner und der großen Sozialverbände wie VdK und Reichsbund.

Ich will im nachhinein nicht rechnen, »wer«, »wo«, »wann« etwas besser gemacht hätte. Was zählt, ist Rentenkonsens. Wir können und wollen uns streiten, wenn es die Sache gebietet. Wir können und wollen uns aber auch einigen – um der Menschen willen. Denn Politik ist nicht Selbstzweck, sondern Mittel zum Zweck. Das muß sich jeder immer wieder in Erinnerung rufen.

Ihre erste große Reform hat unsere Rentenversicherung 1957 unter Konrad Adenauer erlebt. Dabei wurde sie mit den Prinzipien ausgestattet, die auch weiterhin maßgeblich sind, nämlich Lohn- und Beitragsbezogenheit, Dynamik, Teilhabe der Rentner am Produktivitätsfortschritt. Der altgewohnte Zirkel von Alter und Armut wurde durchbrochen – Rente erhielt Lohnersatzfunktion. Das hat das Selbstbewußtsein der Rentner und Arbeitnehmer gestärkt. Wer Leistung für Gegenleistung erhält, erfährt Gerechtigkeit und braucht sich bei niemandem zu bedanken.

Auf dieser Grundlage basiert auch die zweite große Reform der Rentenversicherung. Es ist eine »Reform in Kontinuität« – für Sicherheit. Sie macht unser bewährtes Rentenhaus wetterfest für das nächste Jahrhundert. Deswegen haben wir unsere Rentenversicherung weiterentwickelt. Wir fangen nicht neu an.

Drei Erkennungszeichen

1. Rechtzeitige Reform
Die Rentenreform '92 bedeutet: rechtzeitig und langfristig die Zukunft gestalten.
Wir haben nicht in letzter Minute reformiert, sondern bevor uns akute Schwierigkeiten dazu zwangen. Und wir haben nicht für ein oder zwei Legislaturperioden reformiert. Diese Rentenreform sprengt die Grenzen von Legislaturperioden.
2. Solidarische Reform
Die Rentenreform '92 folgt der Devise: Geteilte Last ist halbe Last.
Denn wir wissen, daß das stabile Gebäude unserer Rentenversicherung nur dann stabil bleiben wird, wenn die Lasten auf alle Schultern verteilt werden: auf Beitragszahler, Rentner und den Staat bzw. seine Steuerzahler.
3. Solide Reform
Wir haben diese Reform jahrelang vorbereitet und die Rentenfinanzen durch wichtige Rentengesetze in einen Zustand gebracht, der es uns ermöglichte, die Reform ohne den akuten Druck leerer Kassen und ohne Hektik durchzuführen. In das Vorfeld der Rentenreform gehört auch die Neuordnung der Hinterbliebenenrenten.

Die Rentenreform war notwendig

Die Rentenreform war unumgänglich, denn die Rentenversicherung muß auf vier Veränderungen antworten:

1. Die Rentner werden immer älter, weil die Lebenserwartung steigt.

Die steigende Lebenserwartung unserer Bevölkerung hat für die Rentenversicherung die Konsequenz, daß Renten länger gezahlt werden und daß der Anteil der Rentner an der Bevölkerung steigt. Allein von 1970 bis zum Jahr 1995 wird die statistische Lebenserwartung für 60jährige Männer um fast dreieinhalb auf etwa 78 1/2 Jahre ansteigen. Für 60jährige Frauen steigt die Lebenserwartung um viereinhalb Jahre auf etwa 83 1/2 Jahre. Ein Jahr durchschnittlich längere Rentenlaufzeit kostet die Rentenversicherung im Jahr 2000 etwa 15 Milliarden DM.

2. Die Rentner werden immer »jünger«, weil sie früher in Rente gehen.

Unsere Arbeitsgesellschaft ist seit Jahren durch den allgemeinen Trend geprägt, möglichst frühzeitig aus dem Erwerbsleben auszuscheiden. Während vom Jahrgang 1905 – also dem Jahrgang, der noch vor der Einführung der flexiblen Altersgrenze in Rente ging – drei von fünf Männern und zwei von fünf Frauen noch mit Vollendung des 65. Lebensjahres in Rente gingen, nahmen vom Jahrgang 1920 nur noch eine Frau und ein Mann von jeweils fünf die Altersrente mit 65 Jahren in Anspruch. Die anderen gingen vorzeitig in Rente. Dieser Trend ist erklärbar: Die gesetzlichen Möglichkeiten zum früheren Rentenbeginn wurden erleichtert, das Gesamteinkommen im Alter ist für viele Menschen erfreulich hoch, Urlaub und Freizeit werden für die Menschen immer wichtiger.

3. Die Erwerbstätigkeit beginnt später – Ausbildungszeiten werden immer länger.

Das Durchschnittsalter bei Lehrbeginn stieg von 16,6 Jahren in 1970 auf heute immerhin 18,7 Jahre. Studenten bleiben im Vergleich zu Mitte der 70er Jahre heute im Durchschnitt ein Jahr länger an der Hochschule. Diese Entwicklung und andere Faktoren führen dazu, daß der Anteil der 15- bis 30jährigen am Arbeitskräfteangebot von derzeit 33 % auf gut 20 % im Jahr 2000 zurückgehen wird.

4. Es werden weniger Kinder geboren.

Wir haben einen staatlichen Familienlastenausgleich wie nie zuvor. Dennoch fällt jede nachwachsende Generation kleiner aus als die vorangegangene. Das ist eine europaweite Entwicklung. Die gegenwärtig starke Zuwanderung von Übersiedlern und Aussiedlern trägt zwar zu einer Verjüngung unserer Bevölkerung bei. Aber auch diese Menschen werden älter.

Der steigende Anteil älterer Menschen, der frühere Austritt aus dem Erwerbsleben, längere Ausbildungszeiten und die zurückgehende Geburtenhäufigkeit wirken sich drastisch auf die Alterssicherung aus. Deswegen mußten wir nicht nur alte Stützpfeiler stärken, sondern auch neue einziehen. Umbau war nötig. Wir haben nicht eingerissen, wir haben auf Evolution gesetzt. Und wir haben aus dem Umbau eine Tugend gemacht und unser Rentenhaus im Zeichen größerer sozialer Gerechtigkeit ausgebaut.

Grundsätze der Reform

1. Das bewährte System der lohn- und beitragsbezogenen Rente wird so weiterentwickelt, daß auch in Zukunft ausreichende und sichere Renten gezahlt werden können.

Die mit der Rentenreform 1957 eingeführte dynamische Rente ist eine Garantie für die Aufrechterhaltung des Lebensstandards. Vor der Rentenreform 1957 war dies ein Traum. Früher deckten die Renten höchstens 40 % des Erwerbseinkommens ab und bildeten nur eine Existenz- oder Grundsicherung. Dank der Reform von 1957 ist Armut nicht mehr das allgemeine Schicksal alter Menschen.

Die Höhe der durchschnittlichen Rente sagt im übrigen nichts über das konkrete Gesamteinkommen der Rentenbezieher aus. Witwen mit einer Witwenrente von unter 300 DM verfügen aufgrund weiterer Einkünfte im Durchschnitt über ein Nettoeinkommen von 1.153 DM. Frauen mit einer Versicherungsrente von unter 500 DM kommen auf ein Familieneinkommen von durchschnittlich etwa 1.800 DM (Ehegatteneinkommen) – so eine 1989 veröffentlichte Infratest-Untersuchung.

Auch in Zukunft soll gelten: Die Rente ist weder Almosen noch von staatlicher Zuteilung abhängig. Sie ist Leistung für Gegenleistung. Rente ist Alterslohn für Lebens-Beitrags-Leistung. Dieses Prinzip bildet das Fundament auch des zukünftigen Rentensystems. Und diese Renten wachsen mit den Nettolöhnen der Arbeitnehmer – nicht schneller und nicht langsamer.

2. Die sich aus der demographischen Veränderung ergebenden Lasten sollen gemeinsam von den Beteiligten – den Beitragszahlern, den Rentnern und dem Bund – getragen werden.

Es entspricht dem Gebot der sozialen Gerechtigkeit, daß niemand überfordert wird. Müßten allein die Beitragszahler die Lasten tragen, dann würden sich für sie untragbare Belastungen ergeben. Gleiches gilt für den Rentner oder den Bund.

Zum gemeinsamen Tragen der Lasten und zur Akzeptanz unserer Rentenreform '92 gehört es, daß auch in der Beamtenversorgung und den anderen entsprechenden Systemen vergleichbare Maßnahmen erfolgt sind. Denn die Bevölkerungsentwicklung trifft alle Systeme der Alterssicherung.

3. Das Rentensystem wird durch familienbezogene Leistungen ergänzt.

Das lohn- und beitragsbezogene Rentensystem bedurfte und bedarf der Ergänzung nicht nur um Leistungen des Solidarausgleichs ganz allgemein, sondern ganz speziell auch der Er-

gänzung um familienbezogene Leistungen. Denn ein umlagefinanziertes Rentensystem, das auf der Generationensolidarität beruht, muß auch den Familien den ihnen gebührenden Platz einräumen. In der 100jährigen Geschichte der Rentenversicherung war die Einführung des Kindererziehungsjahres ein entscheidender Durchbruch zu neuen Ufern.
Rente für Zeiten der Kindererziehung – das bedeutet Abschied nehmen von dem Gedanken, daß nur entlohnte Tätigkeit zu einer Leistung der Rentenversicherung führen kann.
Rente für Zeiten der Kindererziehung – das bedeutet Anerkennung der Leistung, die nicht im Rampenlicht der Öffentlichkeit erbracht wird, sondern in der Familie, einer Leistung, die für das Fortbestehen unserer Gesellschaft unverzichtbar ist. Weit über vier Millionen Mütter beziehen 1990 bereits Rente für Kindererziehung. Das finanzielle Volumen hierfür betrug allein im Jahr 1989 annähernd drei Milliarden DM.
Den vor einigen Jahren eingeschlagenen Weg haben wir mit der Rentenreform '92 weiter beschritten.
(Rede im Deutschen Bundestag, November 1989)

Wir brauchen eine neue Altenkultur. Oder -revolution? Jedenfalls muß sich etwas ändern; denn so viel Zukunft haben die Alten nicht …

Jugendmimikry bestimmt die Mode

Es fällt uns schwer, mit dem Alter zurechtzukommen. Jugend wird zum Maßstab des Lebens. Alter ist nicht gesucht. In Personalanzeigen ist das Land jenseits der 40-Jahre-Grenze weitgehend Terra incognita. Die Alten suchen in der Maske der Jüngeren ihre Chance. Selbst 80jährige verkleiden sich, als seien sie gerade der Tanzstunde entlaufen. Wie die Jungen sungen, so zwitschern auch die Alten. Eine Jugendmimikry bestimmt die Mode.

Das war nicht immer so. Es gab Zeiten, da wurden Kinder wie Greise geschmückt, und ihre Perücken und Zöpfe erhielten durch Puder die erwünschte Alterspatina.

Muß denn immer ein Lebensalter alle anderen dominieren? Kann nicht jedes Alter zu seinem Recht kommen? Es gab Zeiten, denen die Integration der Lebensabschnitte besser gelang als unserer. Über Jahrtausende verlief das Leben wie das Jahr. Die Lebenszeiten gingen wie die Jahreszeiten ineinander über.

Erst das Industriezeitalter schottete Kindheit, Erwerbstätigkeit und Alter schroff gegeneinander ab und markierte die Grenzen mit harten gesetzlichen Fixierungen. Niemals wäre es in früheren Zeiten dem alten Bauern in den Sinn gekommen, an einem bestimmten, vorher fixierten Datum aus der Erwerbstätigkeit auszuscheiden. Er wechselte schrittweise in einen neuen Lebensrhythmus über. Erst die Reichsversicherungsordnung organisierte Pensionierung nach der Methode eines Fallbeils, schnitt Lebensgewohnheiten über Nacht ab und erzwang Umstellungen abrupt.

Das mag in der über 100jährigen Geschichte der Industriegesellschaft nicht so aufgefallen sein, wie es heute auffällt, denn was nach der Erwerbsphase kam, war nur ein kleiner zeitlicher Appendix. Ein, zwei Jährchen nach der Pensionierung, Ruhestand – mehr Wartesaal des Todes als Lebensraum des Alters; das war es, aber so ist es heute Gott sei Dank nicht mehr.

Die Zeiten haben sich geändert. Die Alterszeit ist nicht nur länger, sondern anders geworden. Das Alter ist keine Zugabe mehr. 20, 30 oder mehr Jahre währt es für die meisten, das ist ein Lebensabschnitt mit eigenem Recht und eigenständiger, nicht abgeleiteter Würde.

Unsere sozialpolitische Antwort auf diese Lebensepoche heißt weiterhin Rente – basta!

Die Lage der Alten ist differenziert und mit dem Einheitsbegriff »Ruhestand« nur ungenügend beschrieben. Unter dem Dach Ruhestand versammeln sich Lebenslagen höchst unterschiedlicher Art. Vielleicht ist Hilfsbedürftigkeit der Hauptnenner, im Zähler dagegen tritt Hilfsbedürftigkeit in zweifacher Form auf: aktiv und passiv. Die einen wollen helfen und dürfen nicht. Die anderen brauchen Hilfe und bekommen sie nicht.

Auf der einen Seite steht die Parkbank als Ruheplatz, aber sie ist keine Werkbank zum Mitwirken. Wir lassen den Willen der Alten zum Helfen ins Leere laufen, obwohl ihre Erfahrung, ihre im Leben oft mühselig erworbene Gelassenheit die modisch vagabundierende Sensationslust vielleicht besänftigen könnte. Eine Politik, inspiriert durch die Erfahrungen eines langen Lebens, könnte uns besser vor den Vergewaltigungen einer menschenfernen Ideologie bewahren, als dies alle Theorien vermögen.

Die Teilhabe der Alten am sozialen Leben ersparte uns einen Teil der professionellen Sozialarbeit. Die Reintegration der Alten in das soziale Leben könnte ein Beitrag zur Reamateurisierung der Gesellschaft sein. Großmutter und Großvater können ohne Diplom an der Erziehung der Jungen teilnehmen. Ihre Prüfung war das Leben. In der Entwicklungshilfe, im Bildungswesen, im Sozialdienst, im kulturellen Leben – überall schreit es nach Hilfe mit Erfahrung, und wir lassen die wichtigste Erfahrungsressource brachliegen: das Alter. Welche Vergeudung!

Die Alten sind nicht mehr im Wartestand des Todes. Zwei Drittel aller 90jährigen sind zu eigener Haushaltsführung fähig. Noch vor wenigen Jahrzehnten waren die 90jährigen die Ausnahme und fast allesamt Pflegefälle. So ist es nicht mehr. Die neuen Alten sind jünger geworden. Aber wir behandeln sie als kollektive Objekte der kollektiven Betreuung. Die Lebensferne dieser Behandlung ist schmerzlich.

Aber das ist nur eine Seite. Auf der anderen Seite – der Passivseite – steht die Hilfsbedürftigkeit vieler Alter, die sich selber nicht mehr helfen können. Wir haben sie in Pflegeheime abgedrängt und wie den Tod dem Leben entzogen. Nichts soll den schönen Schein einer perfekten jungen Welt stören. Leid, Schmerz, Verfall, Tod lassen sich zwar »noch nicht« aus der Welt schaffen, aber dann wenigstens verdrängen. Glückliche neue Welt, gebaut aus den Illusionen seliger Idioten. Als Pflegefall werden die Alten zum Sozialfall, und mit dem von der Sozialhilfe gewährten Taschengeld fallen sie auf den sozialen Status ihrer Kindheit zurück. Damals erhielten sie elterlicherseits »Sonntagsgeld«, so hieß dies vor Zeiten; jetzt – 60, 70 oder 80 Jahre später – erhalten sie sozialamtliches Taschengeld. Damals waren sie noch nicht volljährig, jetzt scheinbar nicht mehr. Pflegebedürftigkeit hierzulande trägt die Züge von Entmündigung.

Alterseinsamkeit – das ist die neue Armut, und keine Rentenerhöhung hilft ihr ab. Der Schrei dieser Not ist geräuschlos. Sechs Jahre lag eine Witwe tot in ihrem Appartement, und niemand bemerkte die Nachbarin. Sie wohnte nicht fernab in Waldeseinsamkeit im Hexenhaus, sondern im Hochhausappartement. Dichter kann man gar nicht beieinander wohnen. Sie hatte alles! Wirklich alles? Die Mechanismen der Wohlstandsgesellschaft funktionierten perfekt. Die Rente wurde pünktlich computergesteuert aufs Bankkonto überwiesen, und ebenso zuverlässig buchte die Bank die monatliche Miete ab. Aber offenbar reichen die Techniken dieser total verwalteten Welt nicht für Lebenszeichen, denn sie gaben keine Nachricht vom Tod in der Nachbarschaft.

Vielleicht ist es die Einsamkeit, die viele ins Heim treibt. Sie fürchten, zu Hause passiert ihnen etwas und niemand bemerkt es.

Die alte Großfamilie, die in früheren Zeiten vor Sprachlosigkeit der Einsamkeit schützte, gibt es nicht mehr, und es führt kein Weg zurück zu ihr. Die neue Armut heißt Isolation, und ihre Defizite können schmerzhafter sein als der Mangel an Brot. Alterseinsamkeit ist die späte Bescherung für die junge Selbstverwirklichung ohne Solidarität.

Eine neue Nachbarschaftskultur, gestützt durch ambulante Dienste, könnte uns davor bewahren, daß ältere Menschen aus ihrem Lebenszusammenhang gerissen und kollektiv »verheimt« werden. Wir brauchen eine Pflegeversicherung, die nicht nur Geld verteilt, sondern die Voraussetzungen für eine Infrastruktur ambulanter Dienstleistungen schafft. Es geht um die Heimkehr des Menschen aus der großen Maschine des Verteilungsstaates zurück in eine Sozialpolitik der Nähe.

Freilich, eine Pflegeversicherung verteilt auch Geld. Aber dieses Geld sollte die Hebamme einer Infrastruktur nachbarschaftlicher Dienste sein. Wir müssen raus aus der einfallslosen Alternative: entweder zu Hause allein oder ab ins Heim. Kurzzeitpflege, Tages- oder Nachtpflegeplätze, Teilzeitpflege, hauswirtschaftliche Dienste, Notarzt-Hilfe: ein

buntes Angebot, das den unterschiedlichen Bedürfnissen unterschiedlicher Menschen entspricht, Sozialpolitik à la carte, nicht Sozialpolitik als Schlag aus der kollektivistischen Gulaschkanone.
Der neue Name des Fortschritts heißt »Differenzierung«, und die neue Kunst der Sozialpolitik ist der Versuch, die altbewährte Solidarität mit dem neuen Trend zur Individualität zu verbinden. Wir brauchen eine neue sozialpolitische Balance zwischen Solidarität und Eigenverantwortung.
Am Verhältnis zu den Alten läßt sich die Humanität einer Kultur beschreiben. Es gibt nur ein biblisches Gebot, das mit einer irdischen Verheißung versehen ist. Kein anderes ist mit der Zusage versehen, »auf daß es dir wohl ergehe auf Erden«. Nur das vierte Gebot ist mit diesem Privileg ausgestattet. Es ist das Fürsorgegebot der Jungen für die Alten.
Ein solches Generationsverständnis ist nicht naturwüchsig. Es ist das mühsame Ergebnis eines Kulturprozesses. Schimpansen und andere verwandte Tierhorden stoßen die Alten aus. Steinzeitliche Nomaden ließen die schwachen Alten im Weiterziehen einfach auf dem letzten Lagerplatz liegen. So kann man es auch machen. Und manche erklären dieses Verfahren, neuzeitlich sozial ausstaffiert, zum Programm der Moderne. »Jede Generation sorgt für sich selber«, das ist aus dem Arbeitgeberlager zur Begründung des Kapitaldeckungsverfahrens anstelle der solidarischen Umlage in einer Pflegeversicherung zu hören. Abgesehen davon, daß dies noch nicht einmal volkswirtschaftlich selbst für das Ansparverfahren der Kapitalabdeckung richtig ist: In diesem Generations-Selbstversorgungsprogramm versteckt sich die Maxime einer neuen Rebarbarisierung. Sie kommt ohne Felle und Keulen daher. Sie ist soft gestylt und wohlstandsverwöhnt. Aber unter feinstem Tuch und hinter dem Flair der großen weiten Welt hat sich der alte grobschlächtige Neandertaler versteckt. Er fletscht nicht mehr die Zähne

und riecht besser: Aber er ist es. So brutal wie seine steinzeitlichen Vorfahren. Vorschläge aus der sozialen Eiszeit.

Eine neue Yuppie-Philosophie entfernt sich aus den besten abendländischen Traditionen. Sie ist keine Aussteigerphilosophie – Gott bewahre –, ganz im Gegenteil: Sie lädt zum Einsteigen ein. Aber die Yuppies steigen nur für sich und für jetzt ein. »Nach mir die Sintflut« ist das Yuppie-Credo. Aber in dieser Sintflut ertrinken die Yuppies selber. Allerdings erst später, dann, wenn es zu spät ist, dann, wenn sie alt sind.

Vielleicht muß auch unser neuzeitlicher Fortschrittsglaube neu geordnet werden. Über Generationen bezog das Erfolgsbewußtsein der Moderne seine Bestätigung aus dem Vergleich der Gegenwart mit der Vergangenheit und entdeckte dabei mancherlei Fortschritte. Krankheiten, Epidemien, Pest und Cholera, Pocken und Tuberkulose wurden besiegt. Kindersterblichkeit sank und Lebenserwartung stieg. Arbeitszeiten wurden kürzer, Löhne höher. Ab und zu von der nostalgischen Schwärmerei über die gute alte Zeit gestört, blieb dennoch das Fortschrittsgefühl siegessicher, weil man die Gegenwart als besser empfand, als die Vergangenheit war.

Doch unbemerkt kippte diese Perspektive, und plötzlich verglich man die Gegenwart mit den Forderungen an die Zukunft, und siehe da, bei diesem Vergleich schnitt die Gegenwart schlecht ab, denn unsere Erwartungen übertreffen immer die Realität. Realität ist nun mal Gegenwart. So wurde die Moderne mies und der Fortschritt ranzig. Von der Wende vom Vergangenheitsvergleich zur Zukunftserwartung wurde auch das Alter beschädigt. Denn die Alten haben wenig Zukunft und viel, viel Vergangenheit. Wo für Vergangenheit wenig Sinn ist, ist auch für die Alten wenig Platz.

In einer zukunftswütigen Welt haben wir es schwer, mit dem Alter zurechtzukommen. In den Engpässen einer Gegenwart, die in futurologische Traumschlösser auswandert, die

Gegenwart bestenfalls als Sprungbrett der Zukunft betrachtet und Vergangenheit unterschlägt, ist für »gestern« und Alte kein Platz. So hetzen selbst die Alten mit hängender Zunge hinter einem gelobten Land der Futurologie her, das doch, wenn sie sich besinnen, bestenfalls ihren Kindern und Enkeln zugänglich wäre. Aber die nachwachsenden Alten haben keine Enkel mehr, weil sie schon keine Kinder mehr haben. Eine egozentrische Selbstverwirklichung hat sie allein gelassen.

So viel Zukunft haben die Alten nicht, daß sie aus der Utopie der vergangenheitslosen Zukunft Wegzehr entnehmen könnten. Denn die Gegenwart der Alten hat nun mal mehr Vergangenheit als Zukunft. Doch auch die Zukunft der Jungen wird kürzer, so kurz und klein wie die der Alten jetzt. (Süddeutsche Zeitung, 21. November 1991)

VIII.

»Der Name des Fortschritts heißt Differenzierung«

– Über die Arbeit –

Die Verhältnisse und Bedürfnisse werden differenzierter. Kein leichtes Brot für die Gewerkschaften, unter diesen Bedingungen Solidarität zu organisieren, sorgt sich der IG-Metaller Norbert Blüm.

Das Ende des Gleichschritts

Hunde, die bellen, beißen nicht. Wenn der Volksmund recht hat, müßte der DGB zahnlos geworden sein. Das Gebell um die Neuordnung des Paragraphen 116 des Arbeitsförderungsgesetzes stand in keinem Verhältnis zum Anlaß. Der gewerkschaftliche Krieg mit Worten war Substitut einer Sprachlosigkeit, die Verlegenheit ausdrückt. Denn die Gewerkschaften haben auf die neuen Fragen und Herausforderungen nur die alten Antworten. Wo die Gemeinsamkeit im positiven Ziel schwindet, wird die Gemeinsamkeit in der Ablehnung gesucht.

Die Gewerkschaften sind groß geworden als kollektive Kampfgemeinschaften. Geeint im Ziel, geeint im Vorgehen. Das entsprach den Strukturen der frühen Industriegesellschaft. Die Arbeiterschaft brauchte bessere Arbeitsbedingungen, und die Arbeitgeber wollten sich Schmutzkonkurrenz vom Leibe halten. Das schweißte zusammen zur Klassensolidarität.

Die Arbeitnehmer unserer Tage sind nicht mehr das klassische Proletariat. Hilfskräfte und Ingenieure, Büroboten und Geschäftsführer, Facharbeiter und Beamte – sie alle wollen durch die Gewerkschaften vertreten sein. Und die Arbeitgeberverbände umfassen Handwerksbetriebe ebenso wie Großkonzerne. Da gibt es keine Einheitsbedürfnisse.

Die Mitglieder suchen in ihren Organisationen niemanden, der für sie denkt und handelt; sie erwarten statt des Vormunds tarifpolitische Dienstleistungen. Arbeitnehmer wollen ihre persönlichen Interessen in gewerkschaftlichem Handeln wiederfinden, Arbeitgeber ihre betrieblichen Anliegen von den Verbänden formuliert sehen. Die Mitglieder wollen die Früchte des tarifpolitischen Handelns selbst ernten.

Anspruch und Wirklichkeit geraten in Konflikt. Für viele Tarifpartner ist Handlungsmaßstab nicht nur das Interesse der Betroffenen, sondern auch das Interesse der Organisation. Und je weiter beides auseinanderklafft, desto heftiger wird ihre Identität beschworen. Damit stellen sich demokratische Strukturen auf den Kopf: Der Lobbyist verselbständigt sich und verwechselt häufig dabei eigene Interessen mit dem Gemeinwohl.

Kollektive Interessen sind leichter zu organisieren als differenzierte. Aber die Unfähigkeit zur Differenzierung ist nur eine der Ursachen für die Krisen unseres Verbändestaates. Es kommt Angst hinzu. Es ist die Furcht, in einer verflochtenen Industriegesellschaft die Folgen nicht mehr zu überblicken, wenn politisches Neuland betreten wird. Also bleibt man in den alten Schützengräben und kaschiert die eigene Bewegungslosigkeit durch die Heftigkeit der Attacken auf den Gegner. Das freilich kann fatale Folgen haben.

Denn heute verfügen die Tarifpartner über Instrumente, die den Gegner vernichten können. Ein Punktstreik hat andere Folgen als vor 30 Jahren. Er wird bei einer verflochtenen Wirtschaft schnell zum Flächenbrand. Eine Gewerkschaft, die 10 000 Arbeiter von Kolbenfabriken in den Streik führt und damit in kürzester Zeit eine Million Arbeitnehmer der Automobilindustrie und deren Zulieferer zu Lasten fremder Kassen arbeitslos macht, kann den Arbeitskampf ewig durchhalten und den Gegner ins Dauer-k.o. zwingen. Die andere Seite verfügt über das gleiche Vernichtungspotential: Ein Arbeitgeberverband, der auf einen regionalen Streik mit einer bundesweiten Aussperrung antwortet, zwingt die Gewerkschaften innerhalb weniger Tage zur Kapitulation. Er beraubt sie über Jahre hinweg ihrer Kampffähigkeit.

Die Tarifpartner tragen Verantwortung für ihr Tun. Sie dürfen nicht den Nutzen ihres Handelns einstreichen und die Folgen sozialisieren. Der Arbeitskampf ist kein Spiel. Er ist ein Opfer für die Beteiligten und auch für viele Unbeteiligte. Er muß Ultima ratio bleiben und dem Grundsatz der Verhältnismäßigkeit folgen.

Beide Seiten brauchen einander. Deshalb müssen die Turnierregeln auch für beide Seiten akzeptabel sein. Durch staatlichen Befehl ist das nicht realisierbar. Eine Friedensordnung verlangt die Bereitschaft, auch mit dem Kopf des anderen zu denken. Diese Aufgabe kann nicht der Staat übernehmen.

Der Kompromiß ist das Gestaltungselement der Tarifparteien. Er bedeutet Schutz vor Übervorteilung. Er ist zugleich die Wahrnehmung eines Freiheitsrechts. Denn was der Kompromiß regelt, bedarf keiner staatlichen Einflußnahme mehr.

(Die Zeit, 2. Mai 1986)

Die Sozialpartnerschaft gehört zu den besten deutschen Mitbringseln in den europäischen Binnenmarkt. Am deutschen Wesen braucht Europa nicht zu genesen, freilich, aber unsere Mitbestimmung lassen wir uns auch nicht nehmen.

Mitbestimmung muß vor Erosion geschützt werden

Gegenwärtig unternehmen wir große Anstrengungen, um bis Ende 1992 den Europäischen Binnenmarkt zu vollenden. Immer deutlicher tritt dabei zutage, daß wir dieses Ziel nicht erreichen können, wenn wir uns allein von ökonomischen Gesichtspunkten leiten lassen. Der Binnenmarkt hat auch eine soziale Dimension, um die wir uns kümmern müssen.

Es war ein Verdienst der deutschen Präsidentschaft, daß der Europäische Rat in Hannover im Juni 1988 unter dem Vorsitz des Bundeskanzlers dies deutlich herausgestellt hat.

Es besteht inzwischen bei allen Beteiligten kaum noch Zweifel daran, daß der Binnenmarkt insgesamt auch den Arbeitnehmern Vorteile bringt. Es besteht allerdings Sorge, daß in Teilbereichen soziale Errungenschaften, die in Jahrzehnten erkämpft wurden, dem Europäischen Binnenmarkt geopfert werden könnten.

Zu diesem Thema gehörte an vorderster Stelle die Mitbestimmung der Arbeitnehmer, also ihre Beteiligung an Entscheidungsprozessen in den Unternehmen. Hier geht es um zwei Dinge:

Zum einen wird im Rahmen der EG versucht, die Mitbestimmungsrechte mit dem Ziel der Harmonisierung weiterzuentwickeln. Bisher gibt es in den EG-Ländern sehr unterschiedliche Regelungen, von der deutschen Montan-Mitbe-

stimmung bis zum völligen Verzicht auf eine institutionalisierte Mitbestimmung etwa in Großbritannien.
Zum anderen geht es darum, beim Zusammenwachsen des gemeinsamen Marktes die bei uns bestehende Mitbestimmung vor Erosion zu schützen, die sich daraus ergeben kann, daß deutsche Unternehmen künftig möglicherweise wesentlich leichter als bisher den Geltungsbereich der deutschen Rechtsordnung verlassen können.
Damit ist die Frage der Standortwahl angesprochen, die in- und ausländischen Investoren im künftigen Europäischen Binnenmarkt treffen werden. Die in der Bundesrepublik Deutschland bestehende Mitbestimmung wird gern als Gespenst abgebildet, das Investoren aus der Bundesrepublik Deutschland vertreibe.
Ich erinnere mich noch gut an ein volkswirtschaftliches Gutachten aus den 70er Jahren, das sogar dem Bundesverfassungsgericht im Mitbestimmungsprozeß vorgelegt wurde. Darin wurde in gelehrten Ausführungen scheinbar nachgewiesen, daß das Mitbestimmungsgesetz von 1976 die Wettbewerbsfähigkeit der von ihm erfaßten Unternehmen mindern, zu einer Verringerung der Investitionen führen und sogar die Funktionsfähigkeit des Kapitalmarktes beeinträchtigen werde. Seit über zehn Jahren »leiden« unsere Unternehmen unter diesem Joch des Mitbestimmungsgesetzes. Und sie sind Exportweltmeister.
Manche scheinen sich darin zu gefallen, eine Bugwelle des Zweifels vor sich herzuschieben. Kürzlich las ich in einem Aufsatz, daß die Bundesrepublik Deutschland in den 80er Jahren zwar bisher von allen EG-Ländern die meisten amerikanischen und japanischen Investitionen abbekommen habe und im übrigen auch als Investitionsstandort nach Meinung europäischer, amerikanischer und japanischer Geschäftsleute weltweit hinter der Schweiz und Japan auf Platz 3 liege. Aber es folgte der erhobene Zeigefinger: Demnächst

werde die Bundesrepublik Deutschland ihre Spitzenstellung in der EG verlieren, u. a. wegen »gewerkschaftlicher Behinderungen«; damit ist wohl auch die Ausübung von Mitbestimmungsrechten gemeint.

Sosehr wir die Erhaltung unserer Wettbewerbsfähigkeit beachten müssen, so wenig dürfen wir uns von den düsteren Visionen immer neuer Propheten ins Bockshorn jagen und dazu verleiten lassen, die Mitbestimmung zu opfern. Wir haben jahrzehntelange Erfahrung mit der Mitbestimmung, und diese Erfahrung ist gut. Die Mitbestimmung ist nicht irgendein Gerät, das man heute benutzt und morgen wieder in die Ecke stellt. Die Mitbestimmung ist ein tragender Pfeiler unserer Wirtschafts- und Sozialordnung.

Sie wird heute im Prinzip auch auf Arbeitgeberseite weithin akzeptiert; denn Mitbestimmung erschöpft sich ja nicht darin, daß der Arbeitgeber noch jemanden mitreden lassen muß. Mitbestimmung bedeutet auch, daß zur Austragung vorhandener Konflikte ein Instrument zur Verfügung steht, mit dem die Auseinandersetzungen kanalisiert und damit Reibungsverluste für das Unternehmen minimiert werden können. Nicht umsonst darf es in Mitbestimmungsangelegenheiten keinen Arbeitskampf geben. Dinge, für die anderswo gestreikt wird, werden bei uns zwischen Arbeitgeber und Betriebsrat geklärt, und wenn es hoch kommt, geschieht dies mit der Hilfe der Einigungsstelle.

Die niedrigen Zahlen in unserer Streikstatistik, um die wir von anderen westlichen Industrieländern beneidet werden, beruhen ja nicht etwa darauf, daß deutsche Arbeitnehmer weniger selbstbewußt oder mit weniger zufrieden wären als beispielsweise ihre italienischen, französischen und britischen Kollegen. Es zahlt sich eben auch für die Unternehmen aus, wenn die Arbeitnehmer an Entscheidungen beteiligt und damit auch in Verantwortung eingebunden werden. Die vertrauensvolle Zusammenarbeit zwischen Arbeitge-

ber und Betriebsrat steht nicht nur im Gesetz, sie findet – trotz aller Gegensätze – tagtäglich auch tatsächlich statt.
Es gibt auch einen mittelbaren Effekt der Mitbestimmung, den man nicht unterschätzen darf: Jahrzehntelange Mitbestimmungspraxis hat die Arbeitnehmer und ihre Gewerkschaften geprägt. Mit einer Gewerkschaft, die trotz aller Konfliktbereitschaft in der Tarifauseinandersetzung in den Unternehmen zur Kooperation im Rahmen der Mitbestimmung bereit ist, kann man eben anders reden als mit einer, die es als Pakt mit dem Klassenfeind verteufelt, wenn man sich am runden Tisch der Mitbestimmung zusammensetzt, anstatt einen Arbeitskampf zu führen.
Die Mitbestimmung ist Bestandteil und Voraussetzung einer Wirtschaftskultur, die auch im Ausland oft als eine Ursache unserer wirtschaftlichen Erfolge angesehen wird. Der Präsident der Bundesvereinigung der Deutschen Arbeitgeberverbände, Dr. Klaus Murmann, hat vor einiger Zeit die in unserer Mitbestimmung zum Ausdruck kommende soziale Verfaßtheit als Standortvorteil bezeichnet und gesagt, mitdenkende und mitverantwortende Betriebsräte und Arbeitnehmer im Aufsichtsrat seien ein Wettbewerbsvorteil.
Ich teile diese Einschätzung und meine, daß wir uns nicht ohne gesamtwirtschaftlichen und gesellschaftlichen Schaden von der Mitbestimmung trennen könnten. Denn ohne Mitbestimmung würden die Belegschaften und die Gewerkschaften sich wandeln in eine Richtung, an der niemand Interesse haben kann.
Aus diesen Erfahrungen und Einsichten folgt zum einen, daß wir dem Bemühen der EG-Kommission, die Mitbestimmung EG-weit auszubreiten, sehr positiv gegenüberstehen. Wenn andere Mitgliedstaaten diesen Weg auch gehen wollen, freut uns das natürlich. Aber wir sind nicht so vermessen, unsere Mitbestimmung für einen Exportartikel zu halten. Wenn andere uns sagen, daß sie aufgrund anderer Tra-

ditionen und anderer gesellschaftlicher Verhältnisse andere Wege gehen müssen, dann müssen wir das akzeptieren. Und langjährige Erfahrungen mit den Harmonisierungsbestrebungen der EG auf diesem Gebiet lehren uns, daß es wohl realistisch ist, anzunehmen, daß es auf absehbare Zeit bei den unterschiedlichen Wegen bleiben wird. Wichtige EG-Länder wollen eben keine institutionalisierte Mitbestimmung, wie wir sie praktizieren.

Hieraus folgt nun zum anderen, daß wir die bei uns bestehende Mitbestimmung vor Erosion schützen müssen, wenn wir nicht auf ein gleichwertiges Mitbestimmungsniveau innerhalb der ganzen EG hoffen können. Weil wir die Mitbestimmung als Pfeiler unserer Sozialordnung tragfähig erhalten wollen, müssen wir uns EG-Vorhaben auch unter dem Gesichtspunkt, was sie für unsere Mitbestimmung bedeuten, sehr genau ansehen.

(Handelsblatt, 30. Dezember 1988)

Viele Arbeitszeit-Flexibilitäten sind für Norbert Blüm vorstellbar. Warum nicht auch die Vier-Tage-Woche? Als er im Sommer 1988 diese Frage stellt, hagelt es Verdammnisse. Nicht mal fragen darf man? Es ist zum Verzweifeln.

Der Name des Fortschritts heißt Differenzierung

Die Reaktionen auf meinen Anstoß zur Arbeitszeit-Diskussion könnten einen belustigen, aber in Wirklichkeit sind sie erschreckend. Sie beweisen nämlich, wie verkrustet unsere Gesellschaft ist, wie sehr Gewohnheiten wie Besitzstände verteidigt werden. Wenn wir schon im Kopf nicht mehr zu Umstellungen fähig sind, wieviel weniger dann in der Praxis. »Fortschritt« wird nur in den alten Schablonen zugelassen, nur im quantitativen Mehr oder Weniger. Denkanstöße werden aus Verbandsfestungen beschossen; denn: Erstens, da könnte ja jeder kommen, zweitens, das haben wir noch nie so gemacht. Aber das hat das Neue so an sich, daß es noch nicht gemacht wurde. Wenn die Menschen kürzer arbeiten wollen, müssen die Maschinen länger laufen. Sollen teure Industrieanlagen 37 Stunden in der Woche laufen und 131 Stunden rosten? Ein bornierter Luxus!
Was hatte ich gesagt? »Kürzere Arbeit und trotzdem mehr Lohn – das geht auf Dauer nur, wenn teure Produktionsanlagen nicht mehr nach 37 Stunden abgeschaltet werden. Um im internationalen Wettbewerb zu bestehen und damit unsere Arbeitsplätze zu sichern, brauchen wir bei der kurzen Wochenarbeitszeit künftig längere Maschinenlaufzeiten, die auch den Samstag einschließen. So könnte eine Arbeitszeitform der Zukunft lauten: Neun Stunden Arbeit viermal pro Woche.«

Eine Arbeitszeitform *könnte* so aussehen. Das war's. Von Patentrezepten habe ich nie gesprochen.
Ich bekenne mich schuldig, verschwiegen zu haben, daß dieser Vorschlag weder neu ist noch von mir stammt. Es ist eins von vielen denkbaren und möglichen Modellen, das vor allem für Produktionsbetriebe mit hoher Kapitalintensität Vorteile bringt. Aber auch hier nicht nur für die Betriebe, sondern auch für die Arbeitnehmer: Erstens, weil mehr eingestellt werden können (drei Arbeitnehmer auf zwei Arbeitsplätzen), und zweitens, weil es zwischen den viertägigen Arbeitsintervallen längere Freizeitintervalle am Stück gibt. Dieses Modell »widerspricht dem natürlichen Lebensrhythmus«, wußte SPD-Chef Hans-Jochen Vogel. Woher weiß er das? SPD-Präsidiumsmitglied Heidemarie Wieczorek-Zeul nannte das Modell »inakzeptabel«. Hatte sie die Arbeitnehmer bei BMW Regensburg gefragt?
Im Grunde geht der ganze Streit um die Frage der Samstagsarbeit. Klaus Zwickel, im IG-Metall-Vorstand für Tarifpolitik zuständig, brachte es auf den Punkt: »Wegen einer Stunde Arbeitszeitverkürzung werden die Gewerkschaften nie und nimmer auf das freie Wochenende verzichten.« Ganz nebenbei wird hier die Zwei-Klassen-Arbeitnehmerschaft institutionalisiert. Weil nämlich so viele IG-Metall-Arbeitnehmer am Samstag frei haben, müssen so viele andere Arbeitnehmer in der Gastronomie, im Einzelhandel und Verkehrsgewerbe ihnen samstags zu Diensten sein. Wenn das lange Wochenende tatsächlich diesen unumstößlichen Wert hat, frage ich mich, warum sich die IG Metall nicht für den Geschäftsschluß am Freitag mittag einsetzt.
Tatsächlich geht von der Fiktion des arbeitsfreien Samstags auch ein ungeheurer Zwang aus. Die meisten Arbeitnehmer haben nämlich, auch wenn sie wollten, nicht die Möglichkeit, an einem anderen Wochentag frei zu nehmen. Weil dann die Schwimmbäder und Geschäfte leerer sind. Oder

weil die Frau, die am Wochenende im Krankenhaus Dienst tut, dann auch frei hat. Zum Beispiel.
Spätestens seit Mitte der 60er Jahre ist für die ganz große Mehrheit der Arbeitnehmer die Fünf-Tage-Woche von montags bis freitags die Regel. Wie ein Monolith liegt dieser Arbeitszeitblock in einem Meer sich verändernder Verhältnisse und Bedürfnisse. Seit 1970 hat die Zahl der Familien ohne Kinder um 2,3 Millionen oder 22,8 Prozent zugenommen. »Samstags gehört Vati mir« geht hier also nicht. Der Urlaubsanspruch ist seit 1970 von vier Wochen auf sechs Wochen gestiegen. Freizeit außerhalb des Wochenendes hat eine ganz andere Dimension. 1970 hatte jeder fünfte Einwohner einen PKW, heute schon jeder zweite. Aber mit Inbrunst halten wir an unserem Abpacksystem fest, daß sich von montags bis freitags alle im Stau zur Arbeit und am Samstag alle im Stau in die Einkaufs- und Urlaubszentren quälen. Otto Normalverbraucher wurde Gott sei Dank durch Differenzierung und Individualität abgelöst. Aber Otto-Normal-Arbeitszeit bleibt für uns tabu.
Wo wir gerade beim religiösen Stichwort sind: Der Sonntag muß wirklich heilig und aus Flexibilisierungsüberlegungen der Arbeitszeit herausbleiben.
Gerade eine dynamische Gesellschaft braucht Ruhe- und Haltepunkte. Differenzierung und Flexibilisierung dürfen nicht in einem Zeitbrei landen. Deshalb bin ich gegen Sonntagsarbeit. Natürlich muß in bestimmten Bereichen auch sonntags gearbeitet werden: im Gesundheitswesen oder bei Versorgungseinrichtungen. Und natürlich kann ein Hochofen nicht über Sonntag abgeschaltet werden. Aber aus rein wirtschaftlichen Gründen soll nicht am Sonntag produziert werden dürfen. Ich will dafür drei Gründe nennen:
Erstens brauchen wir einen gesellschaftlichen Ruhepol, der für alle gilt. Das ist ein kulturelles Erfordernis.
Zweitens gibt es religiöse Motive. Der Sonntag ist für katho-

lische wie evangelische Christen gleichermaßen bedeutsam. Und wir bleiben eine christliche Gesellschaft, auch wenn nicht mehr alle Bürger jeden Sonntag zur Kirche gehen.

Drittens schreibt das Grundgesetz die Arbeitsruhe an Sonn- und Feiertagen verbindlich vor. Wer die durchgehende Produktion an allen Tagen will, muß das Grundgesetz ändern. Das strebe ich nicht an, und dafür würde es auch keine Mehrheit geben.

Ein Tag muß anders sein als die anderen. Sonst ist die Zeit ein graues Einerlei. So wie das Jahr Feste braucht, an denen wir uns »festhalten«, so braucht auch die Woche Haltepunkte, an denen die Gesellschaft durchatmet.

Unsere monolithischen Arbeitszeitmuster aber können hinten und vorne nicht passen. Strenggenommen hat jeder Betrieb andere Arbeitszeitbedingungen und jeder Arbeitnehmer andere Arbeitszeitwünsche. Nicht alles läßt sich da deckungsgleich machen, weil die Arbeitszeitordnung der partnerschaftlichen, vertraglichen Regelung bedarf, also betriebliche Bedürfnisse und Wünsche der Arbeitnehmer unter einen Hut gebracht werden müssen. Aber es gibt viel mehr differenzierte und in der Praxis bewährte Modelle, als uns allen bekannt und vielen lieb sein dürfte.

Ich will ein Beispiel aus der Schweiz nennen, das geradezu exotisch anmutet, aber ausgezeichnet funktioniert: In einer Maschinenfabrik füllt seit mehr als einem Jahrzehnt jeder Mitarbeiter bis zum Jahresende einen Antrag aus. Da schreibt er rein, wieviel er im nächsten Jahr arbeiten möchte. Es kommt dann zu einer Vereinbarung zwischen Geschäftsleitung und Mitarbeitern, die für jeden Mitarbeiter die wöchentliche Arbeitszeit, den Urlaub und das Gehalt für ein Jahr verbindlich festlegt. Da kann man eine 40-Stunden-Woche wählen, aber dafür drei Wochen Urlaub im Jahr mehr. Dafür muß man aber dann einen Abschlag vom Gehalt hinnehmen. Möchte ein junger Vater nur 30 Stunden in der Woche arbeiten, weil er sich mehr um sein Kind kümmern möchte, kein Problem. Möchte jemand drei Wochen mehr Urlaub, aber nicht weniger Geld in der Tasche haben, der arbeitet dann eben 43 Stunden in der Woche.

Der neue Name für Fortschritt heißt Differenzierung. Nennenswerte Fortschritte bei der Arbeitszeit zum Wohle der Arbeitnehmer und ohne Schaden für die Betriebe kann es nur noch durch Differenzierung geben. Warum haben so viele soviel Angst davor? Die Gewerkschaften kennen nur das Muster: weniger Arbeit für alle. Wollen alle weniger arbeiten? Die Arbeitgeber sind beim Thema Differenzierung und Flexibilisierung vor allem auf Akademietagungen ganz groß. In der betrieblichen Alltagspraxis dominieren die Bedenkenträger. Aber wenn der Fortschritt nicht von den Tarifpartnern und den Betriebspartnern kommt, dann kommt er gar nicht. Wir, die Politiker, können nur mit diskutieren. Zwar wurde mir im Bundestag auch das von SPD-Seite schon als eine Einmischung in das Geschäft der Tarifpartner angelastet, aber genau von dieser SPD wurde in dieser Bundestagsdebatte auch beteuert, sie halte an ihrem Modell von sechs Stunden Arbeit an fünf Wochentagen fest. Merke: Wenn der Arbeitsminister einen Denkanstoß gibt, ist das Einmischung in die Tarifpartnerschaft, wenn die Opposition an ihrem Modell festhält, ist das Unterstützung der Tarifpartnerschaft. Was schlimmer ist: Hier sollen die alten Einheitspackungen durch neue Einheitspackungen überwunden werden. Es ist zum Verzweifeln.

Sachte Übergänge vom Erwerbsleben in den Ruhestand durch Teilzeit, arbeitsfreies »Sabbatjahr« zum Auftanken mitten im Lebenslauf, andere Ladenöffnungszeiten, Erziehungsurlaub ... Mir fällt noch viel ein, bei gleichem Arbeitszeitkontingent die Arbeit anders über das Jahr und über das Leben zu verteilen.

Vielleicht war es unumgänglich, in der robusten Durchbruchsphase des Industriezeitalters die Arbeitnehmer nach fast militärischen Mustern kolonnenhaft einzuspannen. Wir können die Arbeitszeit wieder phantasiereich individualisieren.

Ich freue mich darüber und darauf.

(Stern, August 1988)

IX.

»Ich kam immer durch«

– Über Elternhaus, Mörike etcetera –

Das Elternhaus ist für Norbert Blüm Kernanlage gewesen. Es hat ihn geprägt und bestimmt, auch wenn es im Krieg – wie er sich erinnert – häufig auf Wanderschaft war.

Dem Wolf brechen die Zähne aus

Mutter räumte die Panzersperre, aber Freßfahrten waren mein Monopol.
Mein Elternhaus war im Krieg häufig »auf Wanderschaft«. Der erste Platz, an den ich mich erinnere, war die Hausmeisterwohnung eines Bankhauses. Mein Vater war in diesem Haus beschäftigt. Das Schönste an diesem Gebäude war ein breites Treppengeländer, das ich verbotenerweise als Rutschbahn benutzte. Die Mutter wußte das, aber sie drückte beide Augen zu, wenn ich wieder in Aktion war, obwohl Vater ein striktes Rutschverbot erlassen hatte.
Auf meinen Vater war ich schon damals sehr stolz. Meine Bewunderung wuchs ins Unermeßliche, als er aus der brennenden Hofgarage drei vollgetankte Personenwagen und zwei Benzinfässer rettete. Das gab eine Prämie von der Bank und einen lobenden Brief vom Direktor.
Später wurde Vater Soldat. Der Abschied war tränenreich. Mutter, mein kleiner Bruder und ich saßen dann bei Fliegeralarm mutterseelenallein im Luftschutzkeller. Neben uns brummte eine riesige Heizungsanlage mit großen Koksöfen. Ich bin oft auf Mutters Arm eingeschlafen – und einmal durch Bomben geweckt worden. Den Schreck habe ich immer noch in den Knochen. Wie einen Film vor meinem geistigen Auge kann ich bis heute die Situation ablaufen lassen:
Der Keller war von außen taghell erleuchtet. Überall am Himmel standen »Christbäume«, so nannte man die von den

Fliegern an den Himmel gehängten Lichter, die die Stadt erhellten, was offenbar der Zielgenauigkeit ihrer Bomben nutzte. Die Bombe auf unser Haus fand jedenfalls ihren Weg. Wir wurden getroffen. Das Haus brannte, die Feuerwehr löschte, aber uns im Keller hatte niemand entdeckt, und die Tür klemmte … Mir kommt die Zeit, eingeschlossen im Keller, in der Erinnerung unendlich lang vor. Aber es soll tatsächlich nur eine halbe Stunde gewesen sein.

Von da an besuchten wir einen großen öffentlichen Luftschutzbunker. Der Kinderwagen wurde schon abends gepackt – ohne das Baby, meinen Bruder. Ich fand, das Schönste im Kinderwagen war die Thermosflasche mit Kakao. So verbindet sich bei mir Fliegeralarm nicht nur mit Angst, sondern auch mit Kakao.

Aufregend waren die Treppen zum großen öffentlichen Luftschutzkeller. Denn da mußte ich den Kinderwagen an der Vorderachse packen, Mutter hinten an der Lenkstange. Wenn der Andrang groß war, konnte das zu einem lebensgefährlichen Balanceakt für meinen Bruder im Wagen werden. Aber er lebt noch …

Nach einem Jahr ohne Vater im Luftschutzbunker ging ich mit Mutter und Bruder in den Schwarzwald. Ein Onkel gewährte uns Unterschlupf. Er war der Meister im Elektrizitätswerk. Mittags mußt ich ihm das »Essen tragen«. Ein Henkelmann mit Suppe und eine Flasche mit Kaffee – das war es meistens. Vor den Riesenmaschinen im Generatorenhaus habe ich mich sehr gefürchtet.

In den ersten vier Wochen meiner Schulpflicht im Schwarzwald wurde ich jeden Mittag auf dem Nachhauseweg im Wald an einem dafür ausersehenen Baum verprügelt – das war ein Art Eingemeindung. Meiner Mutter durfte ich davon nichts erzählen. Das hätte die Verdoppelung der Prügelration zur Folge gehabt. Ich habe es geglaubt und still gelitten …

Nach einem halben Jahr Schwarzwald lebten wir auf dem Land in Rheinhessen. Das Dorf zählte 180 Einwohner. Es wurden aufregende zwei Jahre für den Bauernbub Blüm. Mittags ging es aufs Feld. Rüben stechen, Reben schneiden, das beste war die Weinlese. Zwischendurch war ich Jäger wie im Neandertal, mit Keule und Stein. Für einen erschlagenen Hamster gab es 30 Pfennig. Die Jagd betrieben wir als Horde. So war der Lohn, der auf jeden entfiel, gering. Aber spannend war es immer. Ins Falloch gossen wir Wasser, am anderen Eingang kam dann der Hausbesitzer heraus, falls er zu Hause war, und war verdutzt und manchmal sehr ärgerlich und angriffslustig, wenn er mit Prügeln vom Leben in den Tod befördert wurde.

Meine Mutter hörte die Feindsender ab. Ich durfte es niemandem erzählen. Ich schwieg verläßlich und war stolz auf das tief in meinem Herzen verschlossene lebensgefährliche Geheimnis. Ein Onkel war schon im KZ, ein anderer ein halbwegs großer Nazi – so bunt ist unsere Verwandtschaft.

In der Dorfschule waren alle acht Jahrgänge in einer Klasse vereint. Wie es der Dorfschullehrer geschafft hat, uns alle zu beschäftigen, ist mir heute noch ein Rätsel. Er knöpfte sich immer zwei, drei Kameraden vor, meist war das schon ein ganzer Jahrgang, die anderen mußten zwischenzeitlich aus dem Lesebuch abschreiben, Gedichte auswendig lernen oder das Einmaleins im Kopf hersagen. Ich kann noch heute gut abschalten und die Welt um mich herum vergessen. In der Zwergschule habe ich es gelernt. Ich nehme an, daß der Dorfschullehrer nie etwas von Didaktik und Curricula gehört hatte. Aber er liebte uns: ein Nachfahre des guten alten Pestalozzi.

Wenn es unruhig wurde, holte unser Schulmeister seine Geige von der Wand, und wir sangen. Meine Cousine folgte nach einem Jahr aus meiner zerbombten Heimatstadt aufs Land, kam zu mir in die Klasse und konnte Ziehharmonika spielen. Sie wurde die musikalische Mitarbeiterin des Geigers. Das hob ihr Ansehen und das ihrer Verwandten in der Klasse.

Wer seine Hausaufgaben besonders gut gemacht hatte, bekam vom Schulmeister eine goldene Nase (hergestellt mit gelber Kreide). Das war ein erstrebenswertes Ziel und hat meine Anstrengungen zeitweise angefeuert. Das Erfolgsgeheimnis der goldenen Nase lag aber wahrscheinlich darin, daß nach zwölf Uhr mittags auf der Dorfstraße beim Nachhausegehen für das ganze Dorf amtlich war, wer fleißig war und wer nicht.

Unsere Wohnung bestand aus zwei Zimmern. Wasser mußte aus dem Hof geholt werden. Die Toilette lag neben dem Pferdestall. Nachdem sich eine Tante nebst Tochter – der schon erwähnten Ziehharmonikaspielerin – zu uns aufs Land gerettet hatte, lebten wir zu fünft in dieser Wohnung. Nach einiger Zeit kamen noch Oma und Opa dazu. Es war sehr gemütlich.

Das Ende des Krieges erlebten wir in diesem Dorf. Auf der Hauptstraße war eine Panzersperre errichtet. Bevor die Panzerspitze das Dorf erreichte, hatte meine Mutter zusammen mit zwei anderen Frauen die Panzersperre weggeräumt und ein weißes Bettlaken in das Fenster gehängt. Das Nachbardorf hielt durch, die Panzersperre blieb stehen. Mutter konnte nicht überall sein.Dieses Dorf wurde kurz und klein geschossen.

Als der Krieg aus war, trampte ich mit meiner Mutter nach Rüsselsheim. Wir waren vollgepackt mit Lebensmitteln für die Verwandtschaft. Mein Gepäck war ein rundes Körbchen mit Küken, welche die Reise noch aufregender fanden als ich. Der Höhepunkt des Abenteuers »Heimkehr nach Rüsselsheim« war die Zugfahrt über den Rhein. Unser Reisecoupé war ein Güterwagen. Die Türen standen offen, und der Zug kroch im Schneckentempo über eine schwankende

Behelfsbrücke, von der man allerdings, jedenfalls vom Zug aus, nichts sah, weil sie offenbar aus nicht viel mehr als den Gleisen bestand.

Als wir uns wieder in Rüsselsheim niedergelasen hatten, mußte ich oft zurück nach Rheinhessen, um Futterage-Nachschub zu holen. Auf diesen Transport hatte ich ein Monopol. Niemand sonst aus unserer Familie konnte diese Fahrt unternehmen. Der Rhein war Zonengrenze, und die durfte nur mit Passierschein oder von Kindern unter zwölf Jahren passiert werden. Dieses Privileg war meines. So fehlte ich in regelmäßigen Abständen einen Tag in der Schule, weil ich auf Freßfahrt war. 30 Pfund Kartoffeln im Rucksack auf dem Buckel, rechts und links eine Milchkanne in der Hand, kehrte ich abends zurück. Milch war ein Grundnahrungsmittel und Butter, die wir daraus machten, eine Leckerei.

Einmal mußte ich die Nacht im Zug verbringen. Auf der Bahnstrecke war eine Mine entdeckt worden. Der Zug mußte warten, bis die Mine weggeräumt war.

Anfang des Sommers ging's nach Finthen oder Gonsenheim oder Mombach, um Kirschen zu holen. In dieser Zeit waren die Schulen nur mäßig besetzt. Morgens um fünf Uhr sah die Bahnhofshalle aus wie die Sammelstelle eines Kinderkreuzzuges. Ein leerer Korb in der einen Hand, eine Tasche mit dem Mitbringsel in der anderen: das waren unsere Waffen. Ohne Tauschmittel keine Kirschen. Den Bauern lag wenig am Geld. Ich brachte meistens Seife und Zigaretten mit. Der Heimweg war ein Schmuggelweg. Wenn uns die Franzosen erwischten und einen schlechten Tag hatten, landeten die Kirschen, die wir mühsam gepflückt hatten, auf den Bahngleisen.

Mir ist ein solch schlimmes Schicksal erspart geblieben. Ich kam immer durch. Nur einmal kam ich mit leeren Händen heim. Kein Bauer hatte an meiner Seife Interesse. Meine Mutter war sehr enttäuscht.

Aber die schönsten Erinnerungen an meine Kindheit sind die Tri-tra-trallala-Fahrten im Bett meines Vaters.
Die Geschichte handelte von zwei Kindern, die sich im Wald verirren, vom Schutzengel bei einbrechender Dunkelheit in Pilze verwandelt werden, damit sie der Wolf nicht frißt, und bei Tagesanbruch von jenem Schutzengel in Menschengestalt zurückverwandelt werden, von ihm den Weg gewiesen bekommen und dann endlich bei der verzweifelten Mutter an die Tür klopfen. Das Happy-End ist eine glücklich vereinte Familie.
Das alles muß im Bett gespielt werden. Es beginnt mit einem Tri-tra-trallala-Wir-gehen-in-den-Wald-Lied mit dazugehörigen Wanderbewegungen im Liegen. Die Dunkelheit der Nacht entsteht durch Schlüpfen unter die Decke, und der Wolf, der so gerne Kinder frißt, läßt sich mit einer Hand spielen. Der Daumen ist der Unterkiefer, die übrigen Finger sind der obere Teil des Gebisses. Der Wolf beißt nach vielen Reden vor Gier in den ersten Pilz, aber, o Graus, das ist ein wurmstichiger Schwappelpilz, pfui. Dann kommt der andere Pilz dran, das aber ist ein Steinpilz, und dem bösen Wolf brechen die Zähne aus, verdientermaßen.
Das Tri-tra-trallala-Lied habe ich meinen Kindern vererbt. Ich hoffe, daß sie es an ihre Kinder weitergeben, damit es in der Familie bleibt.
Tri-tra-trallala – wir sind wieder zu Hause. So geht das Spiel aus. Ein wunderschönes Spiel.
(Mein Elternhaus; Econ Verlag 1985)

Norbert Blüm war Pfadfinder. War? Die Schule der Baden-Powell-Jünger prägt fürs Leben.

Bei den Zackigen galten wir als schlampig

Ich muß es zugeben: Bei den Zackigen galten wir als schlampig! Es gab eben zackige Pfadfinderstämme und schlampige. Das heißt nicht, daß bei uns nichts los gewesen wäre. Manche Eltern – wahrscheinlich die meisten – meinten, wir wären zu hart, und ihren Söhnen würde zuviel zugemutet.

Und tatsächlich: Auf dem Weg unserer Stammesgeschichte blieben eine Menge Fußkranke zurück. Das mag unbarmherzig klingen, ist aber nicht so gemeint. Unsere Pfade waren rauh, aber herzlich. Dabei kam es nicht immer darauf an, ob das Halstuch gerade hing und jeder die Lebensgeschichte Baden-Powells mit all ihren militärischen Verästelungen auswendig aufsagen konnte. Aber wie hätten wir es anders schaffen sollen ohne einen Rest von Unerbittlichkeit?

Wir bauten ein Pfadfinderheim mit nichts, jedenfalls, was das Geld anbelangt. Die Steine holten wir uns von einem abgebrochenen Haus. Den Zement bettelten wir uns zusammen. Aber ich bin sicher, daß wir die dreifache Menge des benötigten Zements vermauert haben. Denn stabil sollte das Haus werden und wurde es auch, denn es steht noch heute.

Was dann an Finanzen unvermeidlich war, das haben wir uns durch Flugblattverteilen vor den Opel-Portalen verdient. Und genau dies hieß eben: Arbeitsbeginn – fünf Uhr – bei Wind und Regen! Wer dreimal fehlte, flog! Aber das Schönste blieben unsere Pfade.

Eine Koten-Nacht in einer Schneelandschaft ist unbeschreibbar. Zwar froren alle. Jedenfalls mit dem dem Feuer abgewandten Körperteil. Aber zugegeben hat es eigentlich keiner. Und weil es keiner zugab, fror auch niemand. Dies ist das schlimme »Kojen-Einmaleins«. Es passiert nur das, was man sich eingesteht. »Was nicht sein soll, kann auch nicht sein« – das ist dann schon die höhere Pfadfinder-Philosophie.

Zwei Pfade werde ich wahrscheinlich noch als Großvater bis ins einzelne beschreiben können, und wahrscheinlich schöner, als sie waren. Aber schön waren sie.

Der eine ging durch Sardinien, der andere quer durch Island. Der durch Sardinien gelang, den durch Island mußten wir mitten in einer Steinwüste abbrechen. Tagelanger Nebel und eisiges Wetter zwangen uns zur Aufgabe. Ich weiß noch heute, wie uns spätestens nach der achten Flußdurchquerung, aus der wir durchnäßt und halb erstarrt herauskamen, jedem klar war, daß wir bei diesem Wetter den Weg von Aqueri nach Rejkovice nicht schaffen konnten. Klar war das jedem. Die spannende Frage war nur, wer es als erster aussprach. Die Niederlage eingestehen ist selbst bei Pfadfindern schwer. Einer bereitete die Kurve vor, die wir ziehen mußten. Denn er schlug vor, einen kürzeren Weg nach Westen zu suchen. Fürs erste war das hilfreich. Aber beim zweiten schon führte kein Weg am Zurück vorbei. Das Zurück war traurig. Wir waren ohne Ziel. Denn der Ausgangspunkt ist kein Ziel, für das wir ein Jahr lang hart trainiert hatten. Daß die acht Mann zwar murrten und lustlos waren, aber dennoch nicht auseinanderfielen, halte ich nachträglich für unsere bedeutendste Expedition.

Daß sich aus all den Geschichten nachträglich noch Parabeln der Lebensklugheit basteln ließen, ist mir klar. Aber lassen wir es mit der Symbolik, mir langen die Geschichten als Erinnerung.

(»Norbert Blüm«, Econ 1990)

Er gilt als fröhlicher Mensch, folglich dem Karneval (Fastnacht, Fasching) zugetan. Tatsächlich bekennt sich Norbert Blüm zur Philosophie des befristeten Ausstiegs. Die Rückfahrkarte ist gelöst.

Karneval ist, wenn man trotzdem lacht

Wir Deutschen, das weiß alle Welt, lieben die Ordnung. Keine Sache, die vor unserem alles regulierenden Ordnungssinn sicher wäre. Alles bekommt seinen festen Platz, und das zur rechten Zeit. Deutsche dürfen nicht einkaufen, wann sie wollen, sie dürfen auch nicht arbeiten, wann sie wollen. Selbst ein Lagerfeuer darf nicht zu jeder Jahreszeit lodern.
Wen will es wundern, daß selbst dem Humor – Ordnung muß schließlich sein – ein fester Platz im Jahreskreis zugeordnet wird. Pünktlich am 11.11. um 11 Uhr 11 beginnt es wieder, das Quartal von Frohsinn und Ausgelassenheit, von Witz, Klamauk und Blödelei. Kurzum: Es ist wieder Karneval (Fasching, Fastnacht etc.).
Dennoch: Freude will nicht immer aufkommen. Lustigkeit auf Bestellung, das klappt nicht einfach so. Vielen erscheint der Karneval heute als bierernste Angelegenheit, als gesellschaftliches Ereignis von hohem Rang, vergleichbar allenfalls mit dem traditionellen Debütantinnenball in der Wiener Hofburg. Das Fernsehen überträgt aus dem Kölner Gürzenich oder der Mainzer Hofburg. Und die närrische Hautevolee zeigt sich im Frack.
Schon macht der despektierliche Witz von dem rheinischen Karnevalspräsidenten die Runde, der in seinem ganzen Leben nur einmal gelacht haben soll, nämlich als sein Vorgänger starb. Ein schlechter Witz ist das nicht, belegt er doch, daß der Humor nicht durchs Geschäft, ja nicht einmal durch die Humorlosigkeit zu besiegen ist.

Denn Karneval, das ist nicht eigentlich die Fernseh-Gala zur besten Sendezeit. Karneval ist eher, was sich in den Wochen und Monaten bis zum Rosenmontag vieltausendfach auf Straßen, in Kneipen, Pfarrsälen und Partykellern abspielt. Hier, auf privater Bühne oder im Verein, hat sich der Karneval viel von dem bewahrt, was ihn einst ausgemacht hat. Karneval, das war die Zeit, in der sich das Volk ein Ventil schaffte gegen »die da oben«. Für ein paar Tage übernahmen Jecken und Narren das Zepter. Scheuklappen und Maulkörbe wurden abgelegt, die Obrigkeiten dem Spott und lautem Gelächter preisgegeben. Witz – und gerade politisch eingefärbter – hatte in solchen Zeiten Konjunktur.

Mir scheint, politischer Witz gedeiht am besten, wenn er als Waffe benötigt wird. Seine Pointe zielt bitter und aggressiv auf die Nöte der Zeit. Er will aufspießen, bloßstellen, sein Ziel ist die Veränderung.

Wer kennt nicht mutige Beispiele dafür aus der Nazizeit wie dieses: Zwei Irrenärzte treffen sich: »Heil Hitler!« grüßt der eine zeitgemäß. »Heil du ihn«, erwidert der Kollege. Noch heute knallt die Pointe. Doch wir können uns kaum mehr vorstellen, welcher Gefahr sich die Erzähler von damals aussetzten. Wohl niemals in der deutschen Geschichte bekam das Wort »totlachen« eine ähnlich ernste Bedeutung.

In Zeiten der Unterdrückung, besonders in totalitären Systemen, schießen politische Witze wie Pilze aus dem Boden. Der Flüsterwitz des Dritten Reiches war ein Widerstandsprodukt im weitesten Sinne, stellte Hans-Jochen Gramm fest: »Er wächst aus dem Volke, man raunt ihn weiter. Die Flüsterwitze waren Entladung gestauter Wut, zynische Bloßstellungen der Funktionäre und Bonzen und ironische Analysen des Weltanschauungsgetriebes.« Wer einen dieser Flüsterwitze verbreitete, war deshalb noch kein Widerstandskämpfer.

Dennoch wagte der Erzähler, traf er einmal den falschen

Zuhörer, seinen Kopf. Selten zuvor in der Weltgeschichte hat es gefährlichere Witze gegeben. Wer einen neuen auf Lager hatte, der schaute sich erst einmal vorsichtig um. »Deutscher Blick« oder »Deutsche Rundschau« nannte man diese Angewohnheit damals.

Humor, verstanden als gutmütige, wohlwollende Heiterkeit, scheidet den Demokraten vom menschenverachtenden Radikalen. »Alle Revolutionäre sind humorlos«, wußte der Kulturphilosoph Oswald Spengler. »Daran scheitern sie alle. Kleiner Eigensinn und Mangel an Humor – das ist die Definition des Fanatismus.« Mit seiner Prophezeiung vom Untergang des Abendlandes mag Spengler geirrt haben. Seine Beschreibung des Humors als Maßstab der Politik trifft sicher zu.

Sollten wir eine Lehre aus der Geschichte des politischen Witzes ziehen, so diese: Unter Politikern, die nicht lachen können, hat auch das Volk nichts zu lachen.

Um so wichtiger scheint mir, daß sich Humor als fester Bestandteil unserer politischen Kultur emanzipiert und etabliert. Das ist keine selbstverständliche Forderung in einem Land, in dem Trübsinn allzu oft mit Tiefsinn verwechselt wird; in dem ein Politiker mit ein wenig Humor riskiert, nicht mehr ernst genommen zu werden.

Dabei kann Humor unsere tägliche politische Suppe ungemein köstlich machen. Das hat keiner, meine ich, so trefflich zu Protokoll gegeben wie Carlo Schmid, einer der Gründerväter unserer Bundesrepublik: »Man hat gesagt, Humor sei, wenn man trotzdem lacht. Ja, wenn man auch dort noch lachen kann, wo man am liebsten weinen möchte. Sie können sich ja denken, wie schwer es sein kann, zu Bonn den Humor zu behalten. Wenn wir bei jedem Trotzdem, bei dem wir die Hand zur Abstimmung hochgehoben haben, gelacht hätten, würden wir uns schon längst zu Tode gelacht haben. Kurz: Ich halte den Humor für das Salz in der Politik. Und was Salz bedeutet, weiß man besonders, wenn man keins mehr essen darf.«

Ich teile dieses Plädoyer des großen Sozialdemokraten für humorige Selbstdisziplin der Politiker. Humor und Witz gehören in die Politik. Sie stutzen politisches Gehabe auf menschliches Maß.

Dem Karneval von heute wünsche ich etwas mehr von dieser humoristischen Geisteshaltung und diesem Witz, natürlich bei gleichbleibender Ausgelassenheit.

So ausgelassen und selbstvergessen wie zu »Wir sind die Eingeborenen von Trizonesien«, einem berühmten Gassenhauer der ersten Nachkriegs-Karnevalssessionen, wird wohl keine Polonaise mehr durch deutsche Säle stampfen. Die Zeiten sind besser geworden, die Stimmung entsprechend schlechter.

Seien wir froh darüber, daß wir den Karneval nicht mehr als Flucht aus Not und politischer Gängelung brauchen. Als befristeten Ausstieg aus Normen, Etiketten und sogenannten Sachzwängen werden sich die Menschen die »närrischen Tage« aber auch in unseren modernen Zeiten nicht nehmen lassen. Die Rückfahrkarte ist gelöst.

Kurzum: Ein ganzes Jahr Karneval wäre unerträglich, ein ganzes Jahr ohne Karneval aber auch.

(Welt, 11. November 1989)

Norbert Blüm liebt Eduard Mörike. Und er tut Abbitte, weil er – in Kindertagen – ein Gebet von ihm langweilig fand.

»Ich tue Abbitte: Das Gebet ist nicht idyllisch, schon gar nicht langweilig, sondern – modern«

Gebet (von Eduard Mörike)

Herr! schicke, was du willst,
Ein Liebes oder Leides;
Ich bin vergnügt, daß beides
Aus deinen Händen quillt.
Wollest mit Freuden
Und wollest mit Leiden
Mich nicht überschütten!
Doch in der Mitten
Liegt holdes Bescheiden.

Man liest dieses Gebet wie das Gedicht eines biederen Bürgers, der, schon fast feist, nur will, was er offenbar schon hat: nicht mehr und nicht weniger. Daß es einen nicht nach mehr Leid verlangt, ist ja verständlich. Aber warum kein Begehren nach mehr Freude?
Unheimlich wird das Gebet erst, wenn man bedenkt, wer es geschrieben hat: Eduard Mörike. Mörike ist einer der großen Lyriker der deutschen Sprache. Mein liebster jedenfalls ist er. Von ihm stammen die erstaunlichsten Sprachbilder, die ich kenne. Von einer Winternacht vor Sonnenaufgang spricht er:

O flaumenleichte Zeit der dunklen Frühe!
Welch neue Welt bewegst du in mir?

Was ist's, daß ich auf einmal nun in dir
Von sanfter Wollust meines Daseins glühe?

Wer käme schon auf den Einfall, vom Morgen als einer »flaumenleichten Zeit« zu sprechen oder gar von »sanfter Wollust«. »Wollust« assoziieren wir mit brennender Begierde, und nun kommt einer daher und beschreibt sein Daseinsglück mit »sanfter Wollust«. Wildes Feuer und sanftes Wasser scheinen in dieser Metapher verheiratet. Mörike war also gar nicht so sprachschmächtig und einfallslos, wie sein Gebet erscheint.
Unter der Uniform des Tübinger Stiftsknaben, dem Talar des Dorfpfarrers von Cleversulzbach, dem Rock des Lehrers am Katharinenstift in Stuttgart, des mißmutigen Pensionärs Mörike pochte Zeit seines Lebens ein »unruhiges Herz«. Und hinter den alltäglichen Lebensdaten seiner Biographie versteckt sich das Drama von Hochgefühl und Depression. In seinen traurig-schönen Peregrina-Gedichten verschlüsselt er das Auf und Ab, das Hin und Her seiner Liebesnot mit der vagabundierenden Kellnerin Maria Meyer.
Und da schreibt dieser herzzerrissene und -zerreißende Mörike ein Gebet von fast biedermeierlich trockenem Ton. Ich habe mich bei diesem Gebet immer gähnend gelangweilt. Mag sein, es lag daran, daß nach dem Krieg, nachdem ich vier Jahre ohne Schulgebete ausgekommen war, die alte Lehrerin die neue Schulzeit mit ausgerechnet diesem Gebet eröffnete. Ich war kräftigere Gebete gewohnt. »Vater unser« oder »Gegrüßet seist Du, Maria« ging mir leicht von den Lippen und tiefer ins Gemüt als Mörikes stupides Gebet. Mir schmeckte das neue Schulgebet wie ein vertrockneter Zwieback nach einem saftigen Schinkenbrot. Vielleicht glaubte auch die Lehrerin, dieses Gebet sei ausreichend neutral, um den Übergang von der gebetsfreien Nazizeit zur

neuen Schulgebetsordnung hinreichend unauffällig zu schaffen.
Ein Gebet war es ja schließlich, so war es überschrieben, aber auch ein Gedicht, denn es stammte von Mörike, also auch als Teil des Deutschunterrichts verwendbar. So praktisch war sie, die alte Lehrerin: zwei Fliegen mit einer Klappe, zur Not Religion, aus Spaß aber Literatur.
Inzwischen sind ein paar Jahre seit jener Zeit vergangen, und ich bin naturgemäß etwas älter geworden, als ich damals in der Schule war. Jetzt lese ich das Gebet mit anderen Augen. Da ruft eine zerrissene Seele, die sich einst in das Pfarramt gerettet hatte, nach dem alten »Ruhe in Gott«. Eine Sehnsucht, die die Menschen begleitet, seitdem es sie gibt. Und was so glatt und scheinbar risikolos erscheint, ist eine im Gebet erzwungene äußere Form, die sich nach jener Ruhe sehnt, für welche die Form nur die Haut ist.
Das »Vergnügen«, das sich Mörike im Gedicht einzureden versucht und um das er im Gebet bittet, entspringt dem Glauben und der Hoffnung, daß »Liebes und Leides« »aus deinen Händen quillt« – »Inschallah!« und »So Gott will!«. Immer haben Menschen versucht, durch die Zyklonen ihrer Seelenlandschaft in die windstille Mitte vorzudringen. Vielleicht ist dies der psychologische Fundus, aus dem sich das philosophische Projekt der »goldenen Mitte« speist.
Um die Sturmfreiheit seiner Daseinsmitte kämpft Mörike ein Leben lang, deshalb muß er sich vor allzu heftigem Wechsel zwischen Hoch und Tief, zwischen Freud und Leid schützen. Das schafft er nicht aus eigener Kraft. Darum bittet er um – wieder eine überraschende Mörikesche Paarung – »holdes Bescheiden«.
Vielleicht führt uns dies »hold« zurück zu seiner ursprünglich-etymologischen, das Verhältnis von Lebensherren und Gefolgsmann bezeichnenden Bedeutung, die einerseits »gnädig«, andererseits »treu« umfaßte. So verstanden, ver-

liert die »holde« Bescheidenheit jeden kindlich naiven Charakter, der dem Wort hold heute anhaftet, und weist auf die wechselseitige Zuwendung von Gott und Mensch, aus der diese »holde Bescheidenheit« quillt. Es ist keine Resignation, aus der die Bescheidenheit gespeist wird. Sie hat auch nichts mit Gelassenheit zu tun. Sie ist in großer Ungewißheit und immer in Gefahr, wenn die Amplitude von Freud und Leid zu weit ausschlägt.

Die Ruhe des holden Bescheidens ist meilenweit entfernt vom friedhöflichen »Ruhe sanft«. Aber offenbar – wie dort – nur als Ruhe in Gott erreichbar.

»Et inquietum est cor nostrum, donec requiescat in te«, betete Augustinus. Das Herz Mörikes war zeitlebens über die Maßen unruhig. Und so tue ich Abbitte. Sein Gebet ist nicht idyllisch, schon gar nicht langweilig – nein: Es ist modern.

(FAZ am Sonntag, 20. April 1992)

Norbert Blüm »predigt« über Franz von Assisi. Bundespräsident Richard von Weizsäcker wird später anerkennen: »Das war das Beste, das ich seit langem von Ihnen gelesen habe ...«

Franziskus – ein Don Quichotte der Kirche

»Laien-Predigt« am 16.10.1992 in der Pfarrgemeinde St. Franziskus in Mönchengladbach-Rheydt

Da steht er nun, der Franz von Assisi. Ein Yuppie aus Umbrien. Sohn reicher Eltern, eine Frohnatur, für keine Händel zu schade. Sein Vater war Händler. Aber Giovanni – wie er getauft worden war, später Francesco gerufen – liebte auch das Handgemenge. Immer schöpfte er aus dem vollen.
Spaßmacher, Unterhalter, gerngesehener Gast bei allen Gelagen seiner Heimatstadt, mit einem Tick für das Große versehen, das war er, der Jüngling »Francesco«. Ritter wollte er werden. In den Kämpfen zwischen seiner Heimatstadt Assisi und Perugia war er in der ersten Reihe zu sehen. Lange Gefangenschaften ertrug er. An Kriegszügen beteiligte er sich ebenso spontan, wie er aus ihnen wieder ausstieg. Eben ein liebenswerter Sponti, dessen unkonventionelle Lebensführung der Vater offenbar mit einer Mischung von Verachtung und Verwunderung begleitete. Deshalb wechselten auch Belohnung und Strafe im Verhältnis des Vaters zum Sohn.
Franz war weder durch das eine noch das andere zu beeindrucken. Er lebte ohne Rücksicht auf sich, immer aus dem vollen. Doch was das volle, das ganze Leben sei, darüber gab es im 44jährigen Leben des Francesco d'Assisi unterschiedliche Ansichten, sternenweit voneinander entfernt.
Die Zeit, in der er lebte, war voller Turbulenzen, voller Wi-

dersprüche und Spannungen: spannungsgeladen zwischen Kirche und Welt. Brutalisierungen durch Kriege auf der einen Seite und Verfeinerung des Geschmacks durch Kunst auf der anderen. Städte erhoben das Haupt gegen feudale Zwänge, Waldenser und Katharer gegen die Hierarchie. Es war die Zeit der Kreuzzüge und des Minnegesangs, der gotischen Kathedralen und der blutigen Inquisition.

Zwei Welten umfaßt seine Biographie, und für beide entschied er sich mit ganzer Kraft. Keine Halbheiten, das ist seine existentielle Lebensmaxime, und er stürzte sich vorbehaltlos zuerst in die irdischen und dann ebenso ungehemmt in die himmlischen Freuden. Sein gutes Herz jedoch schlug in beiden Lebenshälften.

Als Franz, der Sohn und Gehilfe des Kaufmanns Pietro Bernardone und seiner Frau Pica, über harte Handelsgeschäfte mit einem Kunden stritt, störte ein Bettler. Er warf ihn aus dem Laden, aber schon Minuten später erfaßte ihn die Reue. Er ließ Geschäft Geschäft sein, rannte hinter dem Verstoßenen her und spürte ihn in den engen Straßen Assisis auf, um ihm alle kostbaren Tücher und Stoffe zu schenken, um die er gerade mit dem reichen Kunden gefeilscht hatte.

Diese und ähnliche Erzählungen berichten von unserem Bruder Franziskus. Er blieb ein Mensch mit kindlichem Gemüt, zeit seines Lebens. Aber heißt es nicht: »Wenn ihr nicht werdet wie die Kinder …«?

Ob die Legenden und Erzählungen alle authentisch sind, interessiert niemanden mehr. Selbst, wenn sie nicht so verlaufen sind, wie sie berichten, geben sie doch Nachricht von einem Heiligen, der nicht hinter Weihrauch und Kerzenschein verschwunden ist, sondern unser Bruder über fast 800 Jahre blieb, die seit seinem Leben vergangen sind, und er beschäftigt die Phantasie der Menschen, wahrscheinlich auch noch die nächsten 800 und mehr Jahre, so lange jedenfalls, wie es ein Bedürfnis nach dem Wunder des Glaubens geben wird.

Franziskus, ein Don Quichotte der Kirche, der sich weigerte, Realitäten hinzunehmen, wie sie sind. Aber er schuf sich die neue Wirklichkeit nicht romantisch mit seiner Einbildungskraft wie die Romangestalt Quichotte, der in Windmühlen feindliche Ritterheere sah, die es mutig zu besiegen galt. Die neuen Realitäten zündeten in ihm, sie trafen ihn wie einen Blitzschlag. Andere nennen das Erleuchtung. Aber das Wort ist zu sanft, um die Erschütterung zu beschreiben, die sein Leben veränderte. Aber so kann es auch wieder nicht gewesen sein, daß ihn der Blitzschlag wie ein Fremdes traf. Seine Natur trug die Disposition für das Überraschende in sich.

Wieder einmal war er mit seinen Saufkumpanen unterwegs. Wieder einmal randalierten sie in den Straßen Assisis. Doch plötzlich blieb der fröhliche Halbstarke zurück. Die Gefährten kehrten um und trafen einen verwandelten Menschen. Sie fragten ihn: »Wo waren deine Gedanken? Hast du vielleicht daran gedacht, eine Frau zu nehmen?« »Wahr habt ihr gesprochen. Eine edlere und schönere und reichere Frau, als ihr je gesehen, dachte ich mir zur Braut zu nehmen.«

Und von Stund an wuchs die Kluft zu seinen Kumpanen. Niemand weiß, welch himmlisches Bild ihn aus dem gewohnten Leben gerissen hatte. Die Verlobte, die er sich auserkoren, die ihn ausgewählt hatte, war die Dame Armut: domina mea Paupertas.

In der kleinen Kapelle des heiligen Damianus, halb verfallen, hing ein altes Kruzifix. Auf seinen Streifzügen traf er auf dieses Kreuz, und es traf ihn. Und er hörte die Stimme: »Franziskus, siehst du nicht, wie mein Haus zerstört ist? So geh denn und stelle es wieder her.« Franziskus nahm die Weisung wörtlich und begriff sie als handwerkliche Aufgabe der Renovierung. Aber es war eine ganz andere Renovierung gemeint.

Merkwürdig, wie sich die Bilder gleichen. Innozenz III. soll

Jahre später, bevor er den wartenden Bettelmönch Franz aus Assisi empfing, der von ihm den Segen für seine Ordensgemeinschaft erwartete, ein Bild jenes Franziskus im Traum gesehen haben, der die zusammenstürzende Lateran-Kirche mit Händen abstützte. Innozenz begriff dieses Bild nicht als Bauauftrag, mit dem Mauern und Gewölbe gesichert werden sollten, sondern diesen Franz als neue Stütze der Kirche und genehmigte das Gesuch der Anerkennung der neuen Ordensgemeinschaft: der Franziskaner.

Dem Vater war das Treiben seines Sohnes unheimlich. Und endlich wollte er das tun, was viele Väter in solchen Konstellationen getan haben und tun werden – einen klaren Trennungsstrich zwischen Vater und Sohn.

Es kam zum Prozeß vor dem Bischof. Die weltliche Klugheit des Bischofs kam zu dem guten Ratschlag: »Franz, verzichte auf deine Erbschaft.« Franz verschwand wie zur Besinnung in den Gemächern, um wenige Augenblicke später nackt vor Vater und Bischof zu treten, dem Vater nicht nur Erbschaft, sondern auch seine Kleider vor die Füße werfend. Der Bischof hüllte die nackte Provokation in seinen Mantel. Ja, so war er, radikal, der kleine Spielmann Gottes. Ein Verrückter. Ja verrückt, aus allen Gewohnheiten des bürgerlichen Lebens. Entzückt von der Liebe zu den Armen und von der Gottesliebe. Niemals hat er sich um eingefahrene Gewohnheiten gekümmert.

In seiner Sterbestunde, Jahrzehnte später, ließ er sich nackt auf den kalten Boden seiner Lieblingskapelle Portiuncola legen. Alles hat er abgestreift: Ansehen, Reichtum, Herkunft und bürgerliche Gewohnheiten. Entkleidet, abgestreift alle irdischen Bindungen, ging er von dieser Welt, wie er gekommen war. Ein freier Mensch, wie wenige vor ihm und wenige nach ihm. Unbesorgt um Geltung. Ordnungen hat er gebraucht wie das Butterbrotpapier, in das man die Wegzehr einpackt.

Keine Hemmung hatte er, Frauen die Tür zur franziskanischen Bewegung zu öffnen. Er hätte die Frage gar nicht verstanden, worin das Anstößige einer solchen Aufnahme bestehen könne. Und Klara wurde seine treueste Tochter, heilig wie er. Bonaventura, der große Franziskaner-Theologe, nannte sie »eine schimmernde Frühlingsblume.« »Sie ist des heiligen Vaters Franziskus Tochter in Christo.«

Und so wandelte er durch das Leben, immer für neue Überraschungen gut, ein Bruder der Schwachen. Er blieb ein Homo viator. In Ägypten, Syrien, Palästina, Dalmatien und Spanien treffen wir ihn. Singend, betend, bettelnd. Hatte er eigentlich Angst?

Er sprach mit Mächtigen, dem Sultan el Marek, dem Papst Innozenz III. Das Establishment suchte Rat beim Bettelmönch. Doch die Armen und Elenden blieben seine privilegierte Klientel. Sein Leben ist wie eine große Kommunikation mit Gott und Mensch und Natur.

Er überwand alle Ekel und Ängste, die ihm angeboren und anerzogen waren. Küßte Lepröse, zähmte den wilden Wolf Gubbio ... und assimilierte die Welt. Den wilden Wolf, vor dem die Bürger von Gubbio hinter ihrer hohen Stadtmauer zittern, verwandelte Franziskus in ein zahmes Tier: seinen Bruder Wolf. Er besänftigte die wilde, grobe Welt.

Seine Zähmung war die Liebe. »Ich sende euch wie Lämmer unter die Wölfe.« Franziskus hat die biblische Botschaft wörtlich genommen. Sanftmut überwindet Macht und Gewalt. Er überzog die Welt – belebt oder unbelebt – gleichsam mit Verwandtschaft. Jedes wurde mit jedem verwandt. Seinen Beichtvater und Vertrauten Leo nannte er Bruder Lamm. Einen lockeren Zeitgenossen, der sich ihm aus Abenteuerlust anschließen wollte, wies er als »Bruder Fliege« zurecht. Seinen Leib, wenn er ihm störrisch und widerspenstig erschien, Bruder Esel. Seine Krankheiten und Lei-

den nannte er »liebe Schwester«. Franziskus hatte ein geschwisterliches Verhältnis zur Schöpfung.
Er zog die Schöpfung in den Bann seiner Liebe. In den Sümpfen Venetiens soll eine zwitschernde Vogelschar sein Tageszeitengebet übertönt haben: »Meine Schwestern Vögel, lasset jetzt das Singen, bis wir dem Herrn das schuldige Lob dargebracht haben.« »Sogleich verstummten die Vögel«, bis das Beten beendet war, berichtet Bonaventura. Ein Falke war zeitweise sein Wecker. Und Francesco trieb die Symbiose so weit, daß Bruder Falke ihn länger schlafen ließ und später weckte, wenn Franziskus sich nicht gut fühlte und seine Schwäche eines längeren Schlafes bedurfte.
In der Geschwisterlichkeit der franziskanischen Spiritualität humanisiert sich der Kosmos und naturalisiert sich der Mensch. Selbst der hehre Tugendkatalog der Kirche verliert seine menschenferne Strenge. Die Weisheit nennt er Königin und fährt im Gebet fort: »Der Herr erhalte dich mit deiner Schwester, der heiligen Einfalt.« Herrin nennt er die Armut und fügt hinzu: »Der Herr erhalte dich mit deiner Schwester, der heiligen Demut.«
Franz wußte von der Arroganz der Weisheit und dem Hochmut der Armut, deshalb gesellte er beiden die Einfalt und die Demut zu.
Sympathie – im wahrsten Sinne des Wortes – trug ihn über die Schmerzensgrenze: eine unheimliche Fähigkeit zur Mit-Leidenschaft.
Er konnte sich vergessen, so sehr, daß er ein anderer wurde. Vom 15. August bis zum 29. September 1224 betete er in einer Grotte der Alverner Berge, und die Assimilation an den geliebten Jesus trieb er so weit, daß sich die Leidensmale des Herrn in seinem Leibe eingruben. Er verheimlichte sie seinen Brüdern.
Der Spaßmacher von einst wurde zum Leidensgenossen Jesu; ohne von der Welt, in der er lebte, abzuheben. Und das

Schönste, was er uns hinterlassen hat, ist sein Sonnengesang, in dem die ganze franziskanische Philosophie enthalten ist.

Gelobet seist Du, Herre mein,
mit all Deinen Geschöpfen
vornehmlich durch die Herrin,
die Schwester Sonne,
die uns zieret und uns erhellt
durch ihr Licht,
und schön ist sie,
und strahlend mit großem Glanz
von Dir, Du Höchster,
trägt sie das Gleichnisbild.

Gelobet seist du, Herre mein,
durch den Bruder, den Mond,
und die Sterne.
Am Himmel hast du sie also gezieret,
klar und kostbar und schön.

Gelobet seist Du, Herre mein,
durch den Bruder, den Wind,
und durch die Luft,
durch Gewölk und Klarheit
und alles Wetter,
durch welche Du Deinen Geschöpfen
gibst die Erhaltung.

Gelobet seist Du, Herre mein,
durch die Schwester, das Wasser,
als welches gar sehr nützlich ist
und demütig und kostbar und keusch.

Gelobet seist Du, Herre mein,
durch den Bruder, das Feuer,
als durch den du uns erleuchtest die Nacht,
und er ist schön und freudig
und gewaltig und stark.

Gelobet seist Du, Herre mein,
durch unsere Schwester, die Mutter Erde,
als welche uns erhält und versorget
und hervorbringt Früchte
und vielfarbene Blumen und Kraut.

In den Bann des Friedens mit der Natur, der drohenden, wie sie das Mittelalter gesehen, und der bedrohten, wozu sie die Neuzeit hingerichtet hat, zieht Franziskus den Menschen. Der Mensch, weder Herr noch Knecht der Schöpfung, sondern ihr Bruder und ihre Schwester.
Die Schöpfung ist auf Versöhnung angewiesen, denn sie kennt Schuld, sonst bedürfte sie nicht der Verzeihung und Erlösung. Sie kennt »Gebrest und Trübsal«, sonst bedürfte sie nicht der Geduld. Ihnen, den Verzeihenden und Friedfertigen, dichtete er eine Zwischenstrophe des Sonnengesangs.

Gelobet seist Du, Herre mein,
durch jene, die verzeihen aus Liebe zu Dir
und ertragen Gebrest und Trübsal.
Selig jene, die es ertragen in Frieden,
denn von Dir, o Höchster,
werden sie gekrönt.

Der Sonnengesang des heiligen Franz von Assisi ist das schönste Gebet, das die abendländische Christenheit hervorgebracht hat. Es ist das Gebet einer geschwisterlichen

Zärtlichkeit. Es ist so, als würde der kleine arme »Poverello« die Hände in seiner armseligen Kutte weit ausspannen und den ganzen Weltraum umfassen. Sonne, Mond, Wind, das Wasser und das Feuer und unsere Mutter Erde drückt er an sein kleines Herz, und er herzt und schmust die Leprakranken, Krüppel und Elenden.
Weltverachtung, wer so etwas dem Bettelmönch Franziskus unterstellt, hat ihn nie verstanden. Ihn andererseits als Pantheisten zu bezeichnen, katalogisiert ihn in die herkömmliche philosophisch-theologische Kleiderordnung. Aber er paßt in keine intellektuelle Mode.
Der Sonnengesang, Canto del sole: was als jubelnder Einklang mit der Schöpfung ins Wort fand, hat Franziskus am Ende einer schweren, von seelischen Depressionen begleiteten Krankheit im Winter des Jahres 1224/25 gedichtet. Franz ist nicht der süße Sonnyboy der Kirche. Durch Schmerzen zum Glück, Franziskus antizipierte in seinem Leben den großen Bogen der erlösten Schöpfung.
Im Tod vollendet sich die Nachfolge Jesu, jenes Herren, dem Franziskus mit der wild entfachten Glut seiner Liebesfähigkeit gedient hat. Tod ist kein kosmisches Ereignis, sondern von jener personellen Einmaligkeit, der kein Mensch entrinnen kann. Deshalb endet die Hinwendung zur Schöpfung mit der Rückkehr zu Gott – vollzogen im demütigen Tod.
Die letzten Strophen schreibt er kurz vor seinem Tode nieder:

Gelobet seist Du, Herre mein,
durch unsern Bruder,
den leiblichen Tod,
vor welchem keiner der lebenden Menschen
mag entrinnen.

Wehe denen, die sterben in tödlicher Sünde,
und selig jene, so erfunden sind
in Deinem allerheiligsten Willen,
denn der Tod, der zweite,
wird ihnen Böses nicht tun.

Lobet und benedeiet meinen Herrn
und saget Dank, ihr Geschöpfe all,
und dienet ihm
mit großer Demut.
Amen.

Was war er nun, Bruder Francesco aus Assisi? Ein Chaot Christi? Ein grüner Alternativer? Oder nur ein früher Vorfahre der Toskana-Fraktion? War er gar ein Revolutionär, ein Linker vielleicht?
O Gott, o Gott!
Alle Vermarktungen kommen mit unserem Franz nicht zurecht. Untauglich, zu sperrig für politisches Marketing. Er läßt sich nicht werbewirksam vereinnahmen, weder für Rohkost noch für eine Partei.
Was bist du, kleiner Francesco?
Ein Mystiker, ein Genie des Gebetes, ein Lyriker, ein entzückter Visionär, ein Freund der Armen, ein Bruder der Schöpfung? Ganz bestimmt ein Liebling des Herrn: der kleine Bruder Francesco. Einer von den vielen Minores, welche die Welt mehr veränderten als alle, denen die Geschichte den Beinamen der oder die »Große« verliehen hat.

Jener Fragebogen, der schon in vielen Printmedien Furore machte, konnte natürlich auch an Norbert Blüm nicht vorübergehen. So erfahren wir, daß der Eichelhäher sein Lieblingsvogel ist. Zum Beispiel.

Ein Fragebogen

Der Fragebogen, den der Schriftsteller Marcel Proust in seinem Leben gleich zweimal ausfüllte, war in den Salons der Vergangenheit ein beliebtes Gesellschaftsspiel. Wir spielen es weiter: heitere und heikle Fragen als Herausforderung an Geist und Witz.

Er hat schon viele Karrieren hinter sich: Die als Friedhofsministrant scheiterte an Schwarzpulver, das er ins Weihrauchfaß geschüttet hatte. Auf das Ende seiner Laufbahn als Werkzeugmacher arbeitete Norbert Blüm ebenso wirkungsvoll hin: mit Abendkursen zum Abitur, mit einem Studium zum Dr. phil. Seinem Wirken als Bundesminister hätte Blüm in den Koalitionsgesprächen dieses Jahres fast selbst ein Ende gesetzt. Die lautstarke Forderung, der Spitzensteuersatz dürfe nicht gesenkt werden, hat die Koalitionsverhandlungen lange Zeit belastet. Ein rigoroser Kanzler, für den Blüms Loyalität zu Beginn der Regierungszeit nicht gezählt hätte, hätte ihn entlassen. Blüm blieb – Zeichen für seine Unersetzbarkeit –, aber seine Forderung kam nicht durch – Zeichen für die Grenzen seines Einflusses. Den stützt der am 21. Juli 1935 in Rüsselsheim geborene Politiker auf die Sozialausschüsse der CDU. Das galt auch, als er im Berliner Aufräum-Kabinett des Regierenden Bürgermeisters von Weizsäcker Ministerämter auszuüben lernte. Der Sozialpolitiker Blüm wurde nicht Arbeitssenator, sondern Berliner Vertreter in Bonn, um nahe am Sitz der CDU-Linken in Königswinter zu sein. Ende 1982 begann er seine Karriere als Arbeits- und Sozialminister mit der Forderung nach einer »Atempause in der Sozialpolitik«. Blüm mußte es ertragen, daß die Gewerkschaften ihn angriffen, vor allem seine IG Metall. Aber er hatte natürlich nicht vom Ende der Sozialpolitik gesprochen. Nun, so scheint er zu meinen, habe der Haushalt wieder Luft. Das wird offenbar, wenn Blüm sagt, die Stahl-Unternehmen sollten für Ersatz-Arbeitsplätze in niedergehenden Montan-Industriestädten sorgen. Mit Marktwirtschaft hat das nicht viel zu tun. Aber darin liegt womöglich das Rezept, das Blüms Karriere in der CDU länger währen läßt als die des Meßdieners. Denn diese Partei wird durch Menschen wie ihn zur Volkspartei.

Was ist für Sie das größte Unglück?
Krieg.
Wo möchten Sie leben?
In Bonn.
Was ist für Sie das vollkommene irdische Glück?
Bei sich sein.
Ihre liebsten Romanhelden?
Don Quichotte und Sancho Pansa.
Ihre Lieblingsgestalt in der Geschichte?
Franz von Assisi.
Ihre Lieblingsheldinnen in der Wirklichkeit?
Corazon Aquino.
Ihre Lieblingsheldinnen in der Dichtung?
Anna Karenina.
Ihre Lieblingsmaler?
Marc Chagall und Emil Nolde.
Ihr Lieblingskomponist?
Wolfgang Amadeus Mozart.

Welche Eigenschaften schätzen Sie bei einem Mann am meisten?
Väterlichkeit.
Welche Eigenschaft schätzen Sie bei einer Frau am meisten?
Mütterlichkeit.
Ihre Lieblingstugend?
Mut.
Ihre Lieblingsbeschäftigung?
Lesen.
Wer oder was hätten Sie sein mögen?
Mittelalterlicher Minnesänger.
Ihr Hauptcharakterzug?
Hartnäckigkeit.
Was schätzen Sie bei Ihren Freunden am meisten?
Treue.
Ihr größter Fehler?
Nachgiebigkeit und Wut.
Ihr Traum vom Glück?
Weltumseglung.
Was wäre für Sie das größte Unglück?
Krieg.
Was möchten Sie sein?
Das, was ich bin.
Ihre Lieblingsfarbe?
Violett.
Ihre Lieblingsblume?
Margerite.
Ihr Lieblingsvogel?
Eichelhäher.
Ihr Lieblingsschriftsteller?
Eduard Mörike.
Ihr Lieblingslyriker?
Reiner Kunze.

Ihre Helden in der Wirklichkeit?
Reinhold Messner.
Ihre Heldinnen in der Geschichte?
Mütter im Krieg.
Ihre Lieblingsnamen?
Suleika.
Was verabscheuen Sie am meisten?
Feigheit.
Welche geschichtlichen Gestalten verachten Sie am meisten?
Adolf Hitler.
Welche militärischen Leistungen bewundern Sie am meisten?
Hannibals Zug nach Rom.
Welche Reform bewundern Sie am meisten?
Bismarcks Sozialgesetze.
Welche natürliche Gabe möchten Sie besitzen?
Musikalität.
Wie möchten Sie sterben?
Bewußt.
Ihre gegenwärtige Geistesverfassung?
Wach.
Ihr Motto?
Ama et fac, quod vis.

(FAZ Magazin; Mai 1987)